SCHWADERLAPP

Für immer Ja

Ein Kurs in Sachen Liebe

Dominik Schwaderlapp

Für immer *Ja*

Ein Kurs in Sachen Liebe

PATTLOCH

Imprimatur

Die kirchliche Druckerlaubnis wird für die Veröffentlichung erteilt.
Coloniae, die 27 m Iunii 2007
Jr. Nr. 106 250 I 90

Joachim Card. Meisner

Bibliografische Information: Deutsche Nationalbibliothek
Die Deutsche Nationalbibliothek verzeichnet diese Publikation in der Deutschen Nationalbibliografie; detaillierte bibliografische Daten sind im Internet über http://dnb.d-nb.de abrufbar.

Umschlaggestaltung: ZERO Werbeagentur, München
Lektorat: Bernhard Meuser
Satz und Herstellung: Hartmut Czauderna
Druck und Bindung: GGP Media GmbH, Pößneck
Printed in Germany

ISBN 978-3-629-02165-6

Bitte besuchen Sie uns im Internet:
www.droemer-knaur.de
www.pattloch.de

2 4 5 3 1

Inhalt

Wie es mit der Liebe geht

Vorwort

Vielleicht wundern Sie sich, dass ausgerechnet ein Priester ein Buch über die Liebe schreibt. Von Liebe, sagen viele, haben die doch keine Ahnung! Das ist ein ziemlich pauschales Urteil. Die erste Enzyklika, die Papst Benedikt, auch er ein Priester wie ich, geschrieben hat, geht über »Liebe«. Der christliche Glaube ist die einzige Religion auf der Erde, die Gott als »Liebe« definiert. Und da sollte ein Priester nichts von Liebe verstehen?

Mag schon sein, heißt es dann, aber die wissen doch nichts von Mann und Frau, von Sex, Familie und Kinderkriegen. Kommt drauf an, würde ich sagen. Zunächst fallen auch Priester nicht vom Himmel, sondern wachsen in ganz normalen Familien auf. Dann ist ein Priester auch ein Mann und kein asexuelles Wesen; er hat Gefühle und braucht Liebe wie jeder andere Mensch. Seine Biografie hat ihn zu einer Entscheidung für ein Leben ausschließlicher, treuer Liebe zu Gott geführt und in diese Liebe bringt er sich mit Leib und Seele, seine Sexualität eingeschlossen, ein. Er kennt junge Menschen, die auf der Suche nach der richtigen Form für ihre Liebe sind; er ist befreundet mit Ehepaaren, hat ihnen zugehört und sie vielleicht in mancher Hinsicht beraten können. Sie alle würden nicht das Gespräch mit einem Priester suchen, wenn sie anderswo Rat für die Liebe bekämen, der genauso gut oder besser ist.

Es gibt genug Sexualtherapeuten, Paartherapeuten, Psychologen und Beziehungsberater auf der Welt, die sich als Spezialisten für die Liebe bezeichnen, aber genau dort mit ihrer Beratung aufhören, wo es gerade mal spannend wird – bei der Religion nämlich. Die meisten stellen sich den Glauben als etwas vor, das *nach* dem Sex kommt. Sie denken, man könne die Welt der Beziehung für sich regeln, und wenn dann noch jemand irrational veranlagt ist, könne er sich auch noch mit dem Glauben beschäftigen. Das Problem ist nur: Wer etwas in Richtung Liebe unternimmt, unternimmt auch etwas mit Gott, der ja die »Liebe« schlechthin ist.

Heute versuchen viele die Liebe von der Sexualität her zu verstehen (»Wir verstehen uns im Bett, also lieben wir uns!«). Sie müssten die Sexualität aber von der Liebe her verstehen. Dann würde ihnen eine neue Welt aufgehen. Viele junge Menschen erfahren, dass die Triebe mit ihnen Karussell fahren. Niemand sagt ihnen, wozu sie gut sind und dass sie nur eine Stimme im Konzert der Liebe sind. Am größten ist nicht der Sex, am größten ist die Liebe (1 Kor 13,13). »Wo die Liebe auftaucht«, sagt Bernhard von Clairvaux, »fängt sie alle anderen Triebe ein und überführt sie in Liebe.«

Das bekommt man nicht überall zu hören. Und deshalb gibt es dieses Buch, das vor allem auch für junge Menschen gedacht ist. Sein Aufbau folgt einem ganz einfachen Schema. Weil der Mensch – so wie Gott ihn gemeint hat – Grundlage für die Liebe ist, lade ich zunächst zu einem Nachdenken über die Prinzipien ein; diesen Teil des Buches habe ich überschrieben mit »Vorbereitungen für die Liebe«. Im zweiten Teil des Buches möchte ich keine konkrete Frage schuldig bleiben, wie man im Horizont des Glaubens glücklich und stark lieben kann.

Köln, 15. März 2007 *Dominik Schwaderlapp*

Vorbereitungen für die Liebe

Im Leben kommt vieles darauf an, dass man einen richtig guten Start hinbekommt. Wenn der Start verkorkst ist, braucht man eine Menge Energie und Klugheit, um sein Leben noch in eine glückliche Richtung zu lenken. Einen guten Start legt man dann hin, wenn man weiß, wohin die Reise gehen soll. Der christliche Glaube hat für das Ziel nur ein einziges, starkes Wort: *Liebe.* Alles, was wir reden, planen, denken, fühlen, tun, hat nur einen einzigen Sinn: dass wir die Lebe entdecken, Meister in der Liebe werden – liebevolle, engagierte, beziehungsvolle, verlässliche, herzliche Menschen.

Dann ist alles gut.

Dann wird unser Leben vielleicht nicht leicht sein. Aber es wird stark sein. Es wird leuchten. Es wird anziehend sein. Mit uns werden andere gerne leben. Sie werden sich an uns festhalten können und werden sagen: Diese Frau, dieser Mann ist ein wunderbarer Mensch! Wie kann man so werden – voller Liebe? Indem man sich das große Ziel setzt und bestimmte Vorbereitungen trifft. Dazu müssen wir zunächst ein bisschen über uns nachdenken. Wer wir sind ... Welche Gaben wir haben ... Wie wir unser Leben richtig anpacken ...

Wer bin ich?

Ich will frei sein

Ich weiß noch, wie das war, als ich die Schule fertig hatte: Ich hätte jubeln können! Frei. Frei. Frei. Nicht mehr Morgen für Morgen antreten! Nie mehr Hausaufgaben! Nie mehr in den grauen Kasten gehen! Nie mehr aufstehen müssen!

Schauderhaft, die Erinnerung: Es ist früh am Morgen, der Wecker klingelt ... – nein, anders: Es ist spät am Morgen, die Mutter tritt ins Schlafzimmer. Ich werde aus dem Tiefschlaf gerissen. Was soll ich tun? Wecker mit der Faust zerstören? Mutter zum Schweigen bringen? Mich umdrehen, weiterschlafen? Oder soll ich den inneren Schweinhund besiegen und aufstehen, weil ich weiß, dass nun einmal die Pflicht ruft, ob es mir passt oder nicht?

Die kleine Reminiszenz an meine Schülerzeit soll ein Licht werfen auf das, was Freiheit ist. Es gibt einmal eine Freiheit »von« – frei von Schule, Zwang, Vorschriften – und dann eine Freiheit »zu«. Es gibt Leute, die schreien nur nach Freiheit »von«; sie sind aber nicht einmal ansatzweise zu Freiheit »zu« in der Lage. Sie steuern ihr Leben nicht selbst, sondern überlassen diesen mühevollen Job ihrem inneren Schweinehund. Der übernimmt das gerne. Nur – der Preis für den Service ist hoch. Er macht uns zu Sklaven, zu Unfreien.

Doch bleiben wir noch einen Moment im Bett: Ich bin jedenfalls plötzlich vor eine Entscheidung gestellt. Im Schlaf gab es nichts zu entscheiden. Was ich träumte, unterlag nicht meiner bewussten Entscheidung, ebenso wenig, ob ich schnarchte oder nicht, ob ich mich in den Federn wälzte oder ob ich schlief wie ein Murmeltier. All das »passierte«, ohne dass ich darauf Einfluss nehmen konnte. Im Augenblick des Erwachens änderte sich das. Nun bin ich wieder »da«, vielleicht erst noch etwas verträumt, in einer Art Halbschlaf, aber irgendwann bin ich wach. Ich kann und muss mich entscheiden: aufstehen oder liegen bleiben? Diese Entscheidung nimmt mir niemand ab, ich habe die Freiheit, mich für das Richtige oder für das Bequeme zu entscheiden.

Diese kleine Szene vom Aufstehen ist ein Schlüssel zur Frage: »Wer bin ich?«. Ich bin ein Wesen, in dem es zwei Sorten von Aktivitäten gibt: solche die ich steure, und solche, die einfach geschehen. Dazu gehören das Träumen, das Atmen, die Verdauung, der Herzschlag und viele andere körperliche Reaktionen. An dieser Ecke unterscheiden wir uns nicht von Schimpansen oder Milchkühen, ja wahrscheinlich nicht einmal von fleischfressenden Zimmerblumen. Die zweite Sorte von Aktivität geschieht nicht automatisch in mir. Ich handele viel mehr ganz bewusst. Mein »Ich« kommt ins Spiel, mein Denken, meine Gefühle, mein Wille. Hier kommt es auf meine Entscheidung an. Ich kann so handeln oder ich kann das genaue Gegenteil davon tun, selbst wenn ich weiß, dass ich mir dafür die Pest einhandle. Dafür ist der Mensch *frei!* Er kann bewusst entscheiden. Anders als beispielsweise die Atmung erlebe ich die Situation, die meine Entscheidung verlangt, bewusst. Genau an dieser Stelle zeigt sich der Mensch als Mensch. Tiere sind durch ihren Instinkt geleitet, wir haben Freiheit. So kommt es, dass zwei Menschen, die in derselben Situation mit derselben Frage konfrontiert werden, sich ganz unterschiedlich entscheiden können.

Ich will meinen Verstand und meinen Willen gebrauchen

Kehren wir noch einmal zu der Geschichte mit dem Wecker zurück. Der Schimpanse würde ebenso weiterschlafen wie die Milchkuh. Ich jedenfalls kann mich erinnern, gelegentlich aufgestanden zu sein. Der Mensch ist eben nicht nur vom Instinkt bestimmt, sondern frei in seiner Entscheidung (wenn er denn, wie gesagt, das Steuerruder nicht seinem »besten Freund« überlässt). Der Mensch kann entscheiden. Aber wie kommt er zu einer guten Entscheidung? Dafür gibt es zwei Tools im System Mensch: Verstand und Wille.

Das Bewusstsein spiegelt meinem Verstand die Entscheidungssituation, und der Verstand erlaubt mir, Argumente für oder gegen die Entscheidung zu erwägen. Ich kann Fakten zuerkennen, Konsequenzen bedenken und Alternativen aufstellen. Argumente und Überlegungen schaffen die Grundlagen dafür, dass ich mit Hilfe des Willens eine gute Entscheidung treffe. Aber es gibt eine gefährliche Falle: Der Verstand kann sich täuschen lassen! Im Bett liegen zu bleiben ist verlockend. Nachdenken würde mir sagen, dass ich mich gerade um Kopf und Kragen döse. Im Beruf und anderswo gilt schließlich: Wer zu spät kommt, den bestraft das Leben.

Ist eine Entscheidung gefällt, dann geht es darum, sie in die Tat umzusetzen. Hier tritt nun wiederum der Wille in Aktion, der dafür sorgt, dass ich das, was ich für richtig halte, auch tatsächlich tue, und das ist manchmal nicht ganz einfach. Das ist die zweite Falle, über die sich schon Paulus, die eigene Person betrachtend, gewundert hat: »Denn ich tue nicht das Gute, das ich will, sondern das Böse, das ich nicht will« (Röm 7,19). Noch einmal zum

Wecker: Wenn ich mich nun dazu entschieden habe aufzustehen, dann gehört eine gewisse Anstrengung dazu, tatsächlich aufzustehen. Müdigkeit und Bequemlichkeit erschweren es mir. Habe ich einen schwachen Willen, dann bleibe ich vielleicht liegen, obwohl mein Verstand weiß, dass es falsch ist.

Es ist sehr interessant, einmal beim Menschen unter die Motorhaube zu blicken und zu sehen, was alles gegeben sein muss, dass menschliches Leben richtig funktioniert. Verstand muss da sein, Wille, Freiheit, Entscheidung. Dann erst lebt der Mensch voll und ganz als Mensch, oder – um ein anderes Wort dafür zu benutzen: als *Person*, ein Wesen, das »ich« sagt und eine individuelle, einmalige Seele hat. Dieses »Ich-Zentrum« Seele ist aber keine rein geistige Angelegenheit. Den ganzen Menschen gibt es nur als Leib und Seele. Die Seele bedient sich unseres Leibes wie der Musiker seines Instrumentes, um sich zu äußern. Das wichtigste Instrument unseres Geistes ist das Gehirn, das sich der Organe bedient, beispielsweise der Stimmbänder, die den im Verstand gebildeten Worten Stimme geben, oder der Hände und Füße, die vom Verstand gelenkt und bestimmt werden. So wichtig der menschliche Verstand ist, so ist er doch ohne den Leib hilflos. Er könnte sich nicht ausdrücken. Daher ist auch unser Leib nicht irgendein Überrest aus dem Tierreich, der an sich bedeutungslos wäre. Er gehört voll und ganz zum Menschen.

Ich will mich an meinen Trieben und Leidenschaften freuen

Wenn man eine Sache mit Lust und Spaß betreibt, geht sie spielend von der Hand. Wo Leidenschaft und Freude fehlen, muss man die Leute zum Jagen tragen. Ein Sportler, ein Fußballer beispielsweise, kann von dem Ziel, mit seiner Mannschaft ein Turnier zu gewinnen, so gepackt sein, dass schon allein der Gedanke an den Siegerpokal seinen Puls höher schlagen lässt. Er muss nicht viel Mühe aufwenden, um sich zum Training zu motivieren. Ja, er kann sogar regelrecht von diesem Ziel besessen sein, sodass er sich eher beherrschen muss, sein Training nicht zu übertreiben. Wir sagen, er ist von einer »Leidenschaft« gepackt. Leidenschaft ist dadurch gekennzeichnet, dass sie einen Drang im Menschen auslöst, dies oder das zu tun. Eine solche Leidenschaft kann geweckt werden durch einen geistigen Prozess. So hat sich der Fußballer das Ziel des Turniergewinns selbst gesetzt oder der Politiker das Ziel, die Wahl zu gewinnen, oder der Priester das Ziel, Menschen für Gott zu gewinnen.

Aber es gibt auch Leidenschaften, die ihren Ursprung im Leib des Menschen selbst haben. Wir nennen sie im Allgemeinen »Triebe«. Auch sie drängen uns, dies oder das zu tun, sie wecken in uns »Lust«, und es fällt uns schwerer, uns gegen sie als für sie zu entscheiden. Wenn wir z. B. Hunger oder Durst haben, dann müssen wir uns unter Umständen sehr zusammenreißen, nicht zu essen und zu trinken. Der Trieb ist gut und wichtig. Ohne ihn würden wir vergessen zu essen und zu trinken, was uns auf die Dauer übel bekäme. Ein anderer Trieb ist die Aggression. Auch er ist wichtig. Er hilft uns, ein Ziel selbst dann noch anzustreben, wenn Schwierigkeiten auftreten. Ohne Aggression würden wir alles laufen lassen; wir könnten um gar nichts kämpfen – und nicht nur Fußballer brauchen Siege.

Auch die Sexualität ist ein Trieb. Ihr Sinn ist es, den Fortbestand der Menschheit zu sichern und zugleich der besonderen Liebe zwischen Mann und Frau sozusagen das »Material« zu liefern. Was das im Einzelnen zu bedeuten hat, werden wir später genauer sehen.

Halten wir hier einmal fest: Leidenschaften, Triebe und damit die Lust gehören zum Menschen. Ohne sie wäre unser Leben ziemlich langweilig und eintönig und könnte überdies schnell enden.

Aber diese Kräfte müssen gelenkt werden. Im Tierreich geschieht das durch den Instinkt, der für das Tier »entscheidet«. Statt eines Instinktes haben wir einen freien Willen. Triebe muss man lenken und ordnen. Mal müssen sie ihre volle Kraft entfalten, sonst geht nichts voran. Mal muss man ihre Kraft kanalisieren, sonst verwüsten sie das Gelände. Mal muss man einen Triebimpuls durch den Verstand zurückweisen. Diabetiker dürfen nun mal keine Sahnetorte essen. Mit anderen Worten: Wir müssen lernen, mit den Trieben souverän umzugehen, sie also zu beherrschen, sonst beherrschen sie uns. Wer beispielsweise nicht gelernt hat, seine Aggression in den Griff zu bekommen, wird zum Hooligan oder zum Terroristen. Er ist wie die Sprache sehr korrekt verrät – »außer sich« und geht über Leichen. Es ist mit den Trieben wie mit einem PS-starken Auto: Nur, wer es beherrscht, sollte Vollgas geben.

Wir Menschen sind tatsächlich in unserer Art einmalig auf dieser Welt. Unsere Körperlichkeit verbindet uns zwar mit der Welt der Tiere. Manche biologischen Prozesse in unserem Körper laufen sogar sehr ähnlich ab wie bei bestimmten Tierarten. Dennoch ist unsere Körperlichkeit von einer anderen Dimension umfangen, von der Dimension des Geistes. Und diese Dimension nennen wir mit einem anderen Wort »Seele«. Die Seele durchdringt unseren Leib, macht ihn erst menschlich. Sie sorgt dafür, dass wir nicht von Instinkt und Trieb beherrscht sind, sondern die Fähigkeit der Freiheit haben. Verstand und Wille erlauben es den Menschen, sich selbst zu bestimmen, ja oder nein zu sagen, dieses zu tun und das andere zu lassen.

Wie sehr Leib und Seele sich im Menschen durchdringen, zeigt sich besonders bei den Gefühlen des Menschen; sie bilden so etwas wie die Brücke zwischen Leib und Seele. Geh nachts in einem dunklen Wald spazieren – es muss nur ein bisschen der Wind heulen –, und es läuft dir kalt den Rücken herunter. Da, hinter der Tanne – was war das? Ein Tier, am Ende ein Mensch? Das spielt sich nicht nur im Kopf ab. Der Pulsschlag geht in die Höhe, Schweiß bricht aus. Je nach Veranlagung und Gemütsverfassung kann dieses Unwohlsein in Angst, ja Panik ausarten. Je stärker diese Angst wird, desto mehr beeinflusst sie das Denken und Entscheiden. Ja, die Angst kann den Verstand sogar geradezu gefangen nehmen. Der bloße fiebrige Gedanke, im Wald könnte sich ein bissiges, mörderisches Etwas aufhalten, bewirkt lähmendes Entsetzen. Da hilft nur noch die Flucht, nur weg, nichts wie fort von hier! Draußen, außerhalb dieses Waldes, kommt man dann zur ruhigen und vernünftigen Einschätzung, dass die tatsächliche Gefahr, dass die Gefahr höchstwahrscheinlich nur eingebildet war, sie nach den Gesetzen der Wahrscheinlichkeitsrechnung gegen null geht. Nicht umsonst sagt man ja, dass Angst kein guter Ratgeber ist.

Es gibt andere Gefühle, die ebenfalls unser Denken positiv oder negativ beeinflussen. Ein Fußballspieler, dem es gelungen ist, mehrere Tore zu schießen, kann von dieser Erfolgsserie so euphorisch und selbstbewusst werden, dass er in der Tat immer sicherer und erfolgreicher wird. Er kann aber auch von dem Erfolg so »besoffen« sein, dass er plötzlich nicht mehr weiß, wie es geht. Der Student, der eine Klausur »verpatzt«, kann vom Misserfolg so gebannt werden, dass er auch bei der folgenden Prüfung in den Sack haut. Es kann die verpatzte Prüfung aber auch nur der Warnschuss sein, der den Studenten beim zweiten Anlauf bis in die Haarspitzen motiviert und einfach richtig gut sein lässt. So sind unsere Gefühle!

Alle Gefühlsregungen haben zwei Dinge gemeinsam: Zum einen sind sie nicht direkt lenkbar. Angst und Freude entstehen in mir spontan, ungeplant, intuitiv. Sie unterliegen damit nicht dem freien Willen. Zum anderen beeinflussen sie jedoch mein Denken und Wollen, mein freies Entscheiden. Hier zeigt sich das Miteinander von Leib und Seele im Menschen nicht immer spannungsfrei. So kann es dem Verstand schon Mühe bereiten, die Angst so weit niederzuhalten, dass sie nicht das Denken vereinnahmt, oder auch eine überschäumende Freude so weit zu zähmen, dass sie nicht in gefährlichen Übermut ausartet. Leib und Seele gehören zusammen. Sie sind wie Geschwister, die unzertrennlich sind. Aber auch diese unzertrennlichen Geschwister zanken sich bisweilen.

Die Spannung zwischen Leib und Seele hat die größten Denker aller Zeiten beschäftigt. Und immer wieder waren und sind sie versucht, diese Spannung zwischen Leib und Seele nach der einen oder anderen Seite aufzulösen. So betrachteten viele Denker der griechischen Antike den Leib voller Missachtung; sie sahen in ihm etwas Verachtenswertes gegenüber dem erhabenen Geist. Der Leib – das war ihnen das »Grab der Seele«. In der Seele hingegen entdeckten sie den göttlichen Funken im Menschen. Wäre er bloß nicht vom Leib eingeschlossen! Erlösung bedeutete für sie die Befreiung der Seele vom Leib. Alles Körperliche ist in dieser Sicht minderwertig, belastend, übel. Für dieses Denken war die Vorstellung, dass Gott Mensch wird, dass er sich also in das »Gefängnis« des Leibes begibt, eine handfeste Provokation, der Skandal einer primitiven jüdischen Bauernsekte. Gott in Fleisch und Blut, das konnte nichts anderes sein als eine »Torheit« (1 Kor 1,21).

Wir heute fallen ins andere Extrem. Wir sind geradezu versessen auf den Leib. Viele Gedanken, Fantasien und Ideen beziehen sich auf die Pflege des Körpers: Body-Culture. Die Schönheit oder Gesundheit des Körpers wird zum Maßstab des persönlichen Glücks. Nicht selten wird der Wert einer Person mit seiner körperlichen Qualität identifiziert. »Hauptsache gesund« klingt nicht nur auf Kölsch schön und ist nicht nur für viele Rheinländer Lebensweisheit und Lehrsatz für die Jugend Nummer eins.

Doch wir Menschen sind eben Wesen mit Leib *und* Seele; wir bestehen aus zwei Komponenten, die sich gegenseitig durchdringen. Eins kann ohne das andere nicht sein. Unser Geist wäre ohne unseren Leib leb- und wirkungslos. Aber unser Leib wäre ohne unsere Geist-Seele, die ihn über die Tierwelt erhebt, nicht der eines Menschen. Das Gefühlsleben des Menschen bildet wie gesagt so etwas wie die Brücke zwischen Seele und Leib. Gefühle, Emotionen, treten spontan auf und zeigen sich in körperlichen Phänomenen. Damit gehören sie an sich in die Sphäre des Leibes. Sie beeinflussen jedoch auch unser Denken und Wollen. Das Denken und Wollen wiederum kann die Regungen des Gefühls korrigieren und lenken.

Ich will mein Menschsein optimieren

Leib und Seele gehören also zusammen. Werden sie getrennt, ist der Mensch tot. Christen haben den Tod immer als den Augenblick definiert, in dem sich Seele und Leib trennen. Doch lassen wir das mit dem Tod, und betrachten wir einmal, wie auch im Alltag oft genug Leib und Seele auseinanderfallen. Jemand, der ein sehr impulsives Temperament hat, kann »außer sich« sein, er kann sich in einem Zornesausbruch richtiggehend »vergessen«. Zwei Ausdrücke, mit denen schon allein die Sprache alles verrät. In der Tat vergisst der Betreffende in diesem Augenblick, dass er Mensch ist und dass nicht der Instinkt, sondern der Verstand über ihn die Herrschaft haben sollte. Dies hat er, wie gesagt, in diesem Zornesausbruch vergessen. Und so lässt er sich treiben. Er ist wirklich nicht bei sich, sonder außer sich.

Nehmen wir ein anders Beispiel. Es gibt Menschen, die scheinbar völlig kopfgesteuert sind. Kalt wie Hundeschnauze, lassen sie Gefühlsregungen gar nicht erst an sich heran. Barmherzigkeit, Mitleid, aber auch Mitfreude und Großzügigkeit sind für solche Menschen Fremdwörter. Auch sie vergessen im Grunde ihr Menschsein. Sie sind irgendwie daneben, nicht richtig Mensch. Und so beschreiben wir sie gerne auch als »un-menschlich«.

Sosehr der Mensch Freude daran hat, ein voller, reicher Mensch zu sein, einer mit Leib und Seele, mit Gedanken und Gefühlen, so ist er auch immer in der Versuchung, seine Ganzheit auseinanderzureißen. Ja, der Mensch leidet an einer inneren Zerrissenheit – manchmal sogar wie ein Tier. Der Glaube der Kirche sieht in dieser Zerrissenheit eine Folge der Ursünde, durch die sich die Menschen von Gott getrennt und das Paradies verloren haben. Wirklich ein ganzheitlicher, freier, empfindsamer und guter Mensch zu sein ist eine schwere Kunst. Die Mitte zu halten zwischen den ungeheuerlichen Extremen kopfgesteuerter Unmenschlichkeit und triebgesteuerter Animalität ist die vielleicht schwierigste innere Aufgabe eines jeden Menschenlebens. »Führe uns nicht in Versuchung«, heißt es im Vaterunser. In derselben Richtung ist auch die Mahnung Jesu an seine Jünger am Abend vor seinem Leiden zu sehen: »Wacht und betet, damit ihr nicht in Versuchung geratet. Der Geist ist willig, aber das Fleisch ist schwach« (Mt 26,41).

In dieser Ganzheit zu leben erfordert ein richtiges Investprogramm, es kostet echte Mühe. Es steht zwar verrückterweise auf keinem Stundenplan, aber wir müssen lernen, die verschiedenen Kräfte des Leibes und des Verstandes, die wir in uns wahrnehmen, ins Ganze unseres Menschseins einzufügen, sie zu *integrieren*. Fähigkeiten an dieser Ecke zu entwickeln, dafür gab es früher ein Wort, das man im Moment gerade als unverzichtbar wiederentdeckt: Wir müssen *Tugenden* lernen.

Jeder Mensch, der nicht zum Spielball von Lust und Laune werden will, muss lernen, die Kräfte des Verstandes und der Vernunft moderierend und abwägend in sein Tun und Lassen einzubinden. Diese Tugend nennen wir *Klugheit*. Sie sorgt dafür, dass wir über unseren Wünschen, Begierden, Träumen, Plänen, Obsessionen die Realität nicht aus dem Auge verlieren. Nein, wir müssen immer auf das Ganze, das Gute und die Wahrheit schauen – erst dann können wir angemessen – also klug – handeln.

Nehmen wir ein Beispiel: Jeder Mensch neigt dazu, auf seinen Vorteil zu sehen, für sich und sein Leben das Beste herauszuholen. Überall heißt es: Mach dein Ding! Das ist so lange gut, wie es nicht auf Kosten anderer geht. Die Tugend, die mich lehrt, dass »jedem das Seine« zusteht, heißt *Gerechtigkeit*. Wenn man über diese Tugend lacht und sie für überflüssig hält, haben wir plötzlich eine Gesellschaft, in der man umzingelt ist von lauter cleveren Abzockern, die ihr Ding machen – und zwar auf meine Kosten oder, was noch schlimmer ist, auf Kosten der jeweils Schwächeren in der Gesellschaft. Nun müssten wir die ja gerade schützen ... aber das steht auf einem anderen Blatt.

Eben war schon die Rede von der Angst, die mich so beherrschen kann, dass sie das Denken ausknipst. Diesem Druck der Angst zu widerstehen, um das Denken zu ermöglichen und so zu einer guten und tragfähigen Entscheidung zu kommen, dafür ist die Tugend der *Tapferkeit* da. Wer tapfer ist – sagen wir es anders: wer »tough« ist – kann Widerstand leisten. Tapferkeit ist die Tugend des Standhalten-Könnens. Der Tapfere steht in der Mitte zwischen Unvorsichtigkeit und Waghalsigkeit.

Wenn ich ein Mensch bin, der leicht in Zorn gerät, und ich diesem Zorn immer freien Lauf lasse, werde ich auf jeden Fall zu einem ziemlich unerträglichen Zeitgenossen, möglicherweise aber auch zum Hooligan oder gar zum Verbrecher. Man muss nur eine Tageszeitung aufschlagen und unter Schlagzeilen wie »Familientragödie« nachsehen, wie häufig Verlassenwerden und Kindesentzug Väter zu Mördern macht. Sie rasten einfach aus. Die Fähigkeit oder Tugend, die ich hier erlernen muss, ist die »Mäßigung«. Sie hilft dazu, meine leiblichen Kräfte, die an sich gut sind, so zu zähmen, dass sie nicht zerstörerisch wirken.

Klugheit, Gerechtigkeit, Tapferkeit, Maßhalten, das sind Tugenden, an denen viele andere Tugenden hängen. Im christlichen Denken wurden sie auch »Kardinaltugenden« genannt. So heißen sie nun nicht, weil sie vornehmlich für Kardinäle gedacht wären (die können sie auch brauchen); das Wort kommt vom lateinischen Wort »cardo« (= Türangel). Logisch – um sie dreht sich alles.

Je intensiver ich diese Fähigkeiten »trainiere«, desto mehr gehen sie mir in Fleisch und Blut über. Sie werden zu einer ganz selbstverständlichen Haltung, einer Gewohnheit.

Und was kommt dabei heraus? Ein Mensch, der diesen Namen verdient.

Wann sprechen wir nämlich von einem guten Menschen? Ein guter Mensch ist doch jemand, der nicht nur sich selbst und seine Wünsche kennt, sondern jedem das Seine zugesteht. Ein Mensch, der seine Laune nicht an anderen auslässt, sondern gelernt hat, sie zu zähmen usw. Kurzum: Ein guter Mensch ist jemand, der die Fähigkeit besitzt, als ganzer Mensch mit Leib und Seele zu leben. Einen, der das kann, nennen wir mit anerkennendem Unterton »Mensch« – und meinen mit dem Unterton: Der hat die Tugenden drauf.

Ich will mich von der Wahrheit bestimmen lassen

Anders als ein Tier ist der Mensch nicht primär durch Instinkte geleitet und bestimmt. Sicher, Leidenschaften und Triebe sind stark. Das ist gut so. Wer zum Beispiel Hunger hat, muss essen. Hungrige Menschen sind ungenießbar. Nun gibt es sogar Menschen, die bei bester Laune fasten können, während andere sie anstaunen, als wäre sie das achte Weltwunder. Es hängt also von der Entscheidung und Willensstärke eines Menschen ab, wie weit Launen von ihm Besitz ergreifen. Und es hängt von ihm ab, welche Maßnahme er ergreift, um seinen Hunger zu stillen. Jedenfalls sind wir unserem Hungertrieb nicht so ausgeliefert wie ein hungriger Löwe, der beim Anblick einer Antilope nicht anders kann, als sie zu jagen, zu zerreißen und zu fressen. Es gehört auch nicht zum normalen Verhaltensrepertoire von Menschen, über Menschen anderen Geschlechtes, die uns gerade ins Auge springen, herzufallen und ihnen die Kleider vom Leib zu reißen. Das tun notgeile Triebtäter. Das kostbarste am Menschen ist die Freiheit, die es ihm erlaubt, sich selbst zu bestimmen, dieses zu tun und jenes zu unterlassen, wenn uns auch unsere Triebe und Leidenschaften zu dieser oder jener Handlung ermuntern und uns von anderen abhalten wollen.

Aber wie schaffe ich es nun, meine Freiheit so zu gebrauchen, dass sie nicht zerstörerisch wirkt, sondern meiner Person zur Entfaltung bringt? Wenn ich mich beispielsweise in meiner Freiheit für den Konsum von Drogen entscheide, finde ich vielleicht tatsächlich für wenige Augenblicke die ersehnte Entlastung von meinen Sorgen und meiner Perspektivlosigkeit. Doch ich beschreite damit einen Weg, der zunehmend in Unfreiheit, Selbstzerstörung und letztlich in noch größerer Perspektivlosigkeit endet. Um einmal bei diesem Beispiel zu bleiben: Das Motiv des Drogenkonsumenten ist zunächst nachvollziehbar. Er fühlt sich von den Sorgen und Problemen seines Lebens überfordert. Er möchte sie loswerden. Was er sucht und anstrebt, ist an sich etwas Gutes. Wer möchte nicht einmal seine Sorgen und Probleme loswerden? Es gehört ja sogar zu den Verheißungen des Himmels, dass wir dort ein Leben ohne Sorgen und Nöte führen. Thomas von Aquin behauptet sogar ausdrücklich, dass der Mensch gar nicht anders kann, als etwas Gutes zu suchen. Beispielsweise strebt er nach dem Besitz materieller Güter. Das ist an sich etwas Sinnvolles und Gutes. Er erlaubt nicht nur die eigenen Bedürfnisse zu stillen, er bietet auch die Möglichkeit, sein Geld sinnvoll einzusetzen, eigenständig zu wirtschaften. Nein, Geld zu haben ist beileibe nichts Schlimmes. Wer aber dieses Ziel isoliert, wer es zum letzten und absoluten Ziel seines Lebens erhebt, der sollte konsequent sein und Bankräuber werden. Und wieder sind wir bei dem Drogenkonsumenten: Sein Ziel war gut. Er wollte sich von seinen Sorgen befreien. Verkehrt war nur, dass er dieses Ziel so absolut setzte, dass er dazu zu einem Mittel griff, das ihn tötet: Drogen.

Wie kann ich ein freier Mensch sein, ohne dass ich zum Opfer meiner Freiheit werde? Wer sagt mir, was ich tun darf und was nicht? Ich selbst kann für mich nicht dieser Orientierungspunkt sein. Ein Kompass, der seine Orientierung auf den Nordpol hin verliert, dreht sich dauernd um sich selbst. Wer ihm folgt, dreht sich im Kreis. Nein, der Orientierungspunkt, den ich suche, muss außerhalb meiner selbst liegen. Fast alle Philosophen nennen dieses Moment »Wahrheit«. Wahrheit ist die Übereinstimmung zwischen Geist und Sein. Wer die Wahrheit erkennt und danach handelt, der bringt seinen Verstand und seinen Willen mit der Wirklichkeit in Einklang.

Wahr ist zum Beispiel die Erkenntnis, dass jeder Mensch eine unverlierbare Würde hat, die – wie unser Grundgesetz sagt – unantastbar ist. Diese Wahrheit verbietet mir bestimmte Handlungen. So verbietet mir die unantastbare Würde des Menschen, ihn zu betrügen, zu belügen oder zu bestehlen. Niemals habe ich das Recht, Leib und Leben eines unschuldigen Menschen zu verletzen oder ihn gar zu töten. Eine ganz grundlegende Wahrheit, von der auch die Väter unseres Grundgesetzes ausgehen, ist die Erkenntnis, dass es einen Gott gibt, der uns Menschen ansieht und liebt und durch diese Liebe mit einer übermenschlichen Würde versieht. Durch Gottes »Ansehen« ist eine Würde da, die jeden Menschen wie mit einem imaginären Zauberkreis umgibt: Stopp! Bis hierhin – und keinen Millimeter weiter! Die von Gott gegebene Würde ist die Wahrheit über den Menschen, so steht es um ihn in Wirklichkeit. All unser Tun und Lassen müssen wir in dieser Perspektive verantworten.

Die Wahrheit über Gott und den Menschen, sie wird zum Maßstab, zur Norm für unser Handeln. Die grundlegenden, zu allen Zeiten und in allen Gesellschaften gültigen Eckpunkte dieser Norm finden wir in den Zehn Geboten. Sie geben den Mindeststandard, den wir in unserem Handeln gegenüber Gott und den Menschen wahren müssen. Sie markieren sozusagen die Grenze unseres Handelns. Jenseits dieser Grenze wird unser Handeln zerstörerisch.

Wenn wir Glauben haben, nennen wir dieses Handeln Sünde. Das ist mehr, als wenn wir sagen: Es ist ein »Fehler«. Ein Fehler ist eine Störung im System. Eine Sünde ist eine (Zer-)Störung in der Beziehung; die Sünde sondert von Gott und den Menschen ab.

Die Wahrheit ordnet die verschiedenen guten Dinge, die wir wahrnehmen oder erstreben, in eine Wertehierarchie ein: Es gibt Oben und Unten, ganz wichtig und weniger wichtig, auch Unverzichtbares. Nicht alle »Güter« sind von gleich hohem Rang. Leben ist beispielweise ein höheres Gut als Gesundheit. Materieller Besitz zwar ein wirkliches Gut, aber es hat sich doch einem anderen Gut, nämlich dem Gut der unantastbaren Würde des Menschen, unterzuordnen. Das verbietet mir, mich auf Kosten anderer zu bereichern.

Dieses Ordnungsgefüge der erkannten Wirklichkeit, ist nicht etwas vom Menschen Produziertes; der Mensch findet es einfach vor. Mit Hilfe seines Verstandes kann er diese Ordnung wahrnehmen. Da er frei ist und einen Willen hat, kann er sie zum Maßstab seines Handelns machen. Die uns gegenübertretende Ordnung der Wirklichkeit können wir also nur *entdecken*. Und je mehr wir sie entdecken und uns in ihr »zu Hause« fühlen, desto mehr gelingt es uns, wirklich Gutes von nur scheinbar Gutem zu unterscheiden und immer sicherer das Gute zu tun und das Böse zu unterlassen.

Jetzt wird auch klar, wozu wir *Normen und Gesetze* brauchen. Das sind Schutzfunktionen für die Wahrheit. Wenn es wahr ist, dass eine Hose das Eigentum eines bestimmten Menschen ist, dann ist diese Eigentumsbeziehung ein schützenswertes Gut, selbst wenn andere frieren. Daraus ergibt sich: »Du sollst nicht stehlen!« Wie gelingt mir nun, die Wahrheit, die sich in Normen und Geboten niederschlägt, tatsächlich zum Maßstab meines konkreten Handelns werden zu lassen? Die Brücke dazu bildet das *Gewissen*.

Ich will gewissenhaft handeln

Was im Gewissen geschieht, vergleiche ich gerne mit einem Gerichtsprozess: Der Richter, das ist das Gewissen. Wie in einem richtigen Gerichtsprozess gibt es drei Phasen. Zunächst schaut sich das Gewissen den Fall an. Dann sucht das Gewissen nach wahrheitsgemäßen Maßstäben (also nach Gesetzen), das heißt, es erinnert sich an das Wahre und damit Gute. In der dritten Phase folgt das Urteil, das heißt, das Gewissen prüft, ob die Gesetze – das Wahre und Gute, an das es sich erinnert hat – auf die konkrete Situation anwendbar sind. Hier jedoch gibt es einen entscheidenden Unterschied zwischen Gewissensurteil und Gerichtsurteil. Das Gerichtsurteil bezieht sich ausschließlich auf vergangene Taten und beurteilt im Nachhinein, ob sie gut oder böse sind, ob sie strafwürdig sind oder zum Freispruch führen. Das Gewissensurteil bezieht sich auf Taten in naher Zukunft. Es geht nicht (nur) um Bewältigung der Vergangenheit, sondern (vor allem) um anstehende Entscheidungen um die Gestaltung meines gegenwärtigen Handelns. Das sogenannte schlechte Gewissen zeigt mir im Nachhinein an, dass ein bestimmtes Gewissensurteil in der Vergangenheit falsch war. Es ist somit Folge eines Gewissensurteils, nicht aber das Gewissensurteil selbst.

Machen wir dies an einem Beispiel deutlich. Mit Freunden habe ich mich zu einem Kinobesuch verabredet. Der Film, der geboten wird, interessiert mich, und ich freue mich schon längere Zeit auf diesen Termin. Gerade will ich mich zum verabredeten Treffpunkt auf den Weg machen, da erhalte ich einen Anruf, dass ein lieber Mensch plötzlich ins Krankenhaus musste. Auf die Frage, ob es sich um etwas Ernstes handelt, erhalte ich keine klare Antwort. Ist es nur eine Lappalie oder gar etwas Lebensbedrohliches? Diese Frage lässt sich nicht klären. Auch andere Angehörige sind nicht zu erreichen. Diese Situation stellt mich vor eine Entscheidung. Gehe ich ins Kino oder begebe ich mich ins Krankenhaus? Hier wird sofort deutlich, dass das Kriterium der »Lust« (»Wozu habe ich jetzt mehr Lust?«) nicht wirklich hilfreich ist. Als Mensch mit wachem Gewissen meldet sich in mir jedoch sehr schnell das vierte der Zehn Gebote: »Du sollst Vater und Mutter ehren«, und das Gebot Jesu: »Du sollst deinen Nächsten lieben wie dich selbst« (Mt 22,39). Sehr schnell ist hier die Entscheidung gefallen, den Kinotreff abzusagen und stattdessen den Krankenhausbesuch zu machen.

Und noch etwas zeigt sich hier. Das Gewissen muss – um kompetent und richtig urteilen zu können – wach, auf Draht und top gebildet sein. Ähnlich wie der Richter die Gesetze, nach denen er urteilt, gut kennen muss, wenn er nicht willkürliche Urteile fällen will, so muss auch das Gewissen gebildet sein. Auch wenn jeder Mensch das Prinzip »Das Gute ist zu tun, das Böse zu meiden« seit seiner Geburt in sich trägt, so muss doch in der konkreten Gewissensbildung entfaltet werden, was dies im Einzelnen bedeutet. Und je weiter unser Leben fortschreitet, je mehr wir in komplizierte und vernetzte Lebenszusammenhänge geraten, desto intensiver muss unsere Gewissensbildung sein.

Halten wir an dieser Stelle Folgendes fest: Frei sind wir nicht, wenn wir tun und lassen, was uns Lust und Laune eingeben. Frei sind wir, wenn wir die Kraft besitzen, uns an der Wahrheit zu orientieren und das jeweils Richtige zu tun. Es gibt keine doppelte Wahrheit. Was unter Menschen wahr ist, das ist die absolute Wahrheit, die Wahrheit Gottes – und umgekehrt. Die Brücke, durch die diese Wahrheit zu *meiner Wahrheit* wird und in meinem Handeln gewissermaßen an die frische Luft kommt – das ist das Gewissen. Je besser ich mein Gewissen geschult habe, desto besser kann ich handeln.

Ich will Verantwortung übernehmen

Ob ich beim Frühstück lieber Marmelade oder Wurst esse, ist eine Frage des persönlichen Geschmacks, sofern man nicht gerade Trennkost-Fan ist. Das kann man halten, wie man lustig ist. Wenn es aber um eine Frage von der Klasse »Kino oder Krankenbesuch?« geht, sollte der Spaßfaktor eine absolut untergeordnete Rolle spielen. Vernünftige Leute fragen sich hier: Was ist meine Pflicht? Stehe ich hier in einer Verantwortung? Was muss ich tun, was sollte ich jetzt pflichtschuldigst lassen? Natürlich kann ich mein Gewissen wegdrücken (»Wird schon nichts Schlimmes sein; morgen hat das Krankenhaus ja auch noch auf!«), aber letztlich weiß ich doch: Hier geht es um eine Verantwortung, die mich bindet. Hier habe ich die *Pflicht*, wie ein Mensch zu handeln, der Anstand hat. Hier *muss* ich meine persönlichen Vorlieben hintanstellen.

Das Wort Pflicht klingt in unseren Ohren zunächst negativ. Vielleicht assoziieren wir damit den Zwang, unliebsame Dinge zu tun. Manche gehen sogar so weit, dass sie Pflicht grundsätzlich verneinen, weil sie eben immer etwas Zwanghaftes habe. Doch schlage ich vor, dass wir uns nicht von Gefühlen irritieren lassen. Vielmehr behaupte ich, *Pflichten sind selbstverständliche Konsequenzen aus der als wahr und wertvoll erkannten Wirklichkeit.* Wenn es

Wahrheiten und Werte gibt, dann muss es auch eine Notwendigkeit geben, sie durch angemessenes Handeln zu bestätigen. Die Pflicht, die kranke Mutter oder den kranken Vater im Krankenhaus zu besuchen, unterstreicht doch in erster Linie die Würde dieser Person und meine durch Liebe geprägte Beziehung zu ihr. Dass mich diese Wahrheit bindet, ist kein von außen auferlegter Zwang, sondern logische Konsequenz aus dieser Wahrheit.

Vor diesem Hintergrund ist die Pflicht auch kein Gegensatz zur Freiheit, so als würde Freiheit Ungebundenheit bedeuten und Pflicht Zwang. Vielmehr sind Freiheit und Pflicht aufeinander angewiesen. Sie ergänzen und fördern sich gegenseitig. Die Freiheit ermöglicht es mir, zwischen Gut und Böse zu entscheiden. Ich kann sie nur dann bewahren und weiter entfalten, wenn ich mich für das Gute entscheide. Die Pflicht bedeutet nichts anderes, als dass die Freiheit mit dem Wahren und Guten verbunden ist. Sie bewahrt die Freiheit vor übergroßem Einfluss von Lust, Laune und Fremdbestimmung. Die Pflicht als Ergebnis eines Gewissensurteils wird so zum Garanten einer Freiheit, die geradezu unbezwingbar wird. So konnte beispielsweise im Dritten Reich eine Sophie Scholl durch ihre klare Gewissensentscheidung zugunsten der Wahrheit, die ihr zur Pflicht wurde, auch durch alle Folter und Verhörmethoden der Gestapo nicht gebrochen werden. Sophie Scholl übernahm persönliche Verantwortung für die Wahrheit. Trotz allem äußeren Zwang hat sie ihre innere Freiheit bewahrt.

Wer geht mit mir auf meinem Weg?

Ich lebe in Beziehungen

Keiner ist eine Insel. Ohne intensive Beziehungen zu anderen kann ein Mensch nicht leben. Schon bei einem Kind im Mutterleib ist das so. Und auch nach der Entbindung ist der kleine Erdenbürger auf Hilfe, auf Beziehung und Liebe angewiesen. Kein Mensch kann ohne Liebe, ohne Berührung, ohne Angeschautwerden, kurz: ohne Beziehung, wachsen und sich entfalten. Die Beziehung zum »Du« ist für den Menschen so lebensnotwendig wie das tägliche Brot. Auch hier zeigt sich die Einheit des Menschen aus Leib und Seele. Nimmt man einem Menschen alle Möglichkeiten zu einem »Du«, so verhungert er seelisch, wie er körperlich verhungert, wenn er keine Nahrung bekommt.

Selbst der Einsiedlermönch, der in völliger Einsamkeit lebt, wählt nicht die Beziehungslosigkeit. Er setzt an die Stelle seiner persönlichen Beziehung zu anderen Menschen eine intensive Beziehung zu Gott. Anders geht es nicht. So wählt der Einsiedler zwar das Alleinsein, aber niemals die Einsamkeit. Einsamkeit gehört zu den schlimmsten menschlichen Erfahrungen. Niemanden zu haben, der sich für einen interessiert, abgeschnitten sein von menschlichen Kontakten, das ruiniert Menschen. Nicht umsonst ist die Suizidrate bei einsamen, alten Menschen überdurchschnittlich hoch.

Niemand kann also die Frage »Wer bin ich?« stellen, ohne zu fragen: »Wer sind die anderen?«; niemand kann sein ICH ohne sein DU finden. Das »Du«, die Beziehung zu anderen, gehört notwendig in mein Ich hinein. Der Schöpfungsbericht der Heiligen Schrift legt dies sehr schön dar. Als Gott die Welt und als Krone der Schöpfung den Menschen Adam erschaffen hatte, erlebte dieser sich in großer Einsamkeit. Gott führte ihm alle Lebewesen vor. »Aber eine Hilfe, die dem Menschen entsprach, fand er nicht« (Gen 2,20). So schön, bunt und vielfältig die Lebewesen dieser Welt sind, mit keinem kann er »auf Augenhöhe« leben. Die Reaktion Gottes: »Es ist nicht gut, dass der Mensch allein bleibt. Ich will ihm eine Hilfe machen, die ihm entspricht« (Gen 2,18). Die dankbare Reaktion des Menschen nach der Erschaffung der Frau: »Das endlich ist Bein von meinem Bein und Fleisch von meinem Fleisch« (Gen 2,23).

Eine Beziehung beginnt mit einem Austausch. Wenn mich beispielsweise ein Polizist mit meinem Auto anhält, weil ich zu schnell gefahren bin, entwickelt sich ein kurzer, nicht sehr erfreulicher Dialog. Der Polizist macht mir Vorhaltungen. Ich versuche zu begründen, weshalb ich zu schnell gefahren bin. Das überzeugt ihn nicht. Naturgemäß bin ich daran interessiert, dass diese Beziehung ein möglichst schnelles, folgenloses Ende findet.

Aber Beziehungen geschehen nicht nur; es ist vielmehr ein Stück Lebenskunst, sie durch Begegnungen aufbauen zu können. Die Beziehungsfähigkeit des Menschen bietet ihm unglaubliche Chancen. Wenn sich ein guter Freund über eine gut gelungene Prüfung freut, dann kann ich so an seiner Freude teilnehmen, dass ich selbst von ähnlicher Freude erfüllt bin. Ich kann mich in seine Situation hineinversetzen, ja, ich kann sogar seine Gefühlswelt teilen. Ich kann andere an meinem Leben teilnehmen lassen und am Leben der anderen teilnehmen. Wer von seinem Leben etwas preisgibt, von dem sagt man, er geht »aus sich heraus«. In der Tat bedeutet meine Beziehung zu einem Du ein Aus-mir-Herausgehen und in bestimmter Weise ein Sich-in-den-anderen-Hineinversetzen. Ich und Du gehen eine innere Beziehung ein. Diese Beziehung ist zwischen Eltern und Kindern anders als beispielsweise zwischen Schulfreundinnen; und sie ist zwischen Menschen, die miteinander verheiratet sind, wiederum anders als zwischen Geschwistern. Alle Beziehungen haben jedoch eines gemeinsam: Sie leben davon, dass die beteiligten Personen gegenseitig an ihrem Leben teilnehmen und teilnehmen lassen. Menschen sind auf Beziehungen angewiesen, sie brauchen die Teilhabe am Leben anderer. Wo Menschen ohne Beziehungen leben müssen, suchen sie Ersatz. Das kann sich bis ins Krankhafte steigern: Wenn jemand auf ein Ding vollkommen fixiert ist und diese »Beziehung« ihm wichtiger ist als menschliche Kommunikation, spricht man von *Fetischismus.* Um noch konkreter zu werden: Wenn ein junger Mann mit größerer Leidenschaft an seinem PC hängt, als dass es ihn irgendwohin drängt, wo er eine tolle junge Frau kennenlernen könnte, ist das Fetischismus, eine krankhafte Deformation seiner Beziehungsfähigkeit.

Beziehungen leben von Gemeinsamkeiten. Es gibt solche, die wir uns nicht ausgesucht haben. In einer Familie ist dies die gemeinsame Herkunft der Kinder von den Eltern. Geschwister suche ich mir nicht aus; sie sind mir vorgegeben. Anderer Art sind die Gemeinsamkeiten unter Freunden. Diese Gemeinsamkeiten können zunächst recht äußerlich sein: der gemeinsame Arbeitsplatz, die gemeinsame Vorlesung, die gemeinsame Schulklasse. Wir sind zusammen und haben dadurch einen Anknüpfungspunkt. Nach und nach entdecken wir Gemeinsamkeiten mit unseren Freunden: gemeinsame Neigungen und Interessen, gemeinsame Ziele und Wege. Je weiter reichend und tiefer gehend die Gemeinsamkeiten sind, desto stabiler gestalten sich die Freundschaften. Manche Schulfreundschaften fallen z. B. auseinander, wenn die äußerliche Klammer Schule wegfällt; andere halten ein Leben lang. Freundschaft macht aus »Ich-AG's« ein Wir. Es entwickelt sich eine Gemeinschaft. Wenn einer aus dem Freundeskreis sagt: »Leute, heute Abend gehen wir ins Kino!«, dann ist das »Wir« sozusagen das Ich der Gemeinschaft. Verschiedene Ichs, verschiedene Persönlichkeiten bilden so etwas wie ein neues, gemeinsames Ich, das sich in dem Wort »Wir« niederschlägt.

Trotzdem bleibt jeder ein »Ich«. Nur totalitäre Gemeinschaften schlucken das Ich völlig auf und vergehen sich damit an der Würde jedes einzelnen Menschen. Niemand kann und darf seine Individualität an der Garderobe einer Gemeinschaft abgeben. Ein Wir, eine Gemeinschaft, entspricht nur dann der Würde der Person, wenn der Einzelne nicht im Wir, in diesem neuen Ich, aufgeht, sondern sein eigenes Ich behält und sich in die Gemeinschaft einbringt. Jede Gemeinschaft – ob Familie, Freundeskreis, Nachbarschaft, staatliche Gemeinschaft, Pfarrgemeinde, Verein, Unternehmen – lebt von der Gemeinsamkeit ihrer Glieder und vom Engagement der Einzelnen zugunsten der gemeinsamen Ziele dieser Gemeinschaft.

Diese Beziehungsfähigkeit des Menschen gibt ihm einen unerschöpflichen Reichtum an Chancen und Gestaltungsmöglichkeiten. So wie es keinen Menschen auf dieser Welt zweimal gibt, so gibt es auch keine Beziehung zwischen Menschen noch einmal. Jede einzelne dieser Beziehungen ist geprägt durch die Individualität und die Einzigartigkeit der an dieser Beziehung beteiligten Personen. Wir werden als singuläre Originale geboren – und sollten alles tun, damit wir nicht als Kopien irgendwelcher kollektiven Abziehbilder sterben.

Wenn also jede Gemeinschaft von der Gemeinsamkeit unter den beteiligten Personen lebt, so bedeutet dies im Umkehrschluss, dass Gemeinschaften zerfallen, wenn diese Gemeinsamkeiten nicht mehr da sind. Ein Staatswesen beispielsweise zerfällt, wenn sein Ziel Staatswesen nicht mehr von seinen Gliedern getragen wird. So sagt man, die Weimarer Republik (1919–1933) sei eine Demokratie ohne Demokraten gewesen. Die Verfassung bekundete zwar die Demokratie als Staatsform und damit als gemeinsame Grundlage der Politik. Es gab jedoch immer weniger Menschen, die diese Grundlage akzeptierten. Vor diesem Hintergrund war dann die Machtergreifung der Nationalsozialisten lediglich ein äußerer Vollzug eines längst im Innern vollzogenen Prozesses.

Ich sehne mich nach Liebe

Keiner ist eine Insel, sagten wir. Jeder Mensch ist mindestens auf ein Du hin angelegt ist. Niemand kann nur für sich allein leben.

Eine solche Beziehung zum Du wird aber nur dann eine echte Beziehung, wenn sie erwidert wird, wenn sie also auf Gegenseitigkeit beruht. Sosehr der Mensch darauf angelegt ist, Beziehungen zu knüpfen, so hat er es doch nicht allein in der Hand, dass die Beziehung gelingt. Sein Gegenüber muss mitziehen, muss die ausgesandten Signale beantworten. Eine einseitige Beziehung ist keine Beziehung.

Nun gibt es, wie bereits angedeutet, Beziehungen und Begegnungen unterschiedlicher Qualität. Auch die Begegnung mit einem Polizisten, der mir ein »Knöllchen« verpasst, ist wie gesagt eine Beziehung, jedoch sicherlich keine, die mich froh macht und erfüllt. Ich könnte gut und gerne darauf verzichten. Oder nehmen wir die Geschäftsbeziehungen zwischen einem Verkäufer und einem Kunden. Sie kann sich durchaus positiv gestalten. Doch wenn der Anlass der Beziehung wegfällt, kommt sie automatisch an ihr Ende. Wenn ich im beruflichen Leben auf solche Beziehungen auch angewiesen bin, damit ich mein Geld verdienen kann, so könnte ich doch problemlos auf diese Beziehungen verzichten.

Wie muss eine Beziehung sein, dass ich *nicht* auf sie verzichten möchte? Welche Art von Beziehung gibt es, auf die ich im Leben nicht verzichten möchte? Solche Beziehungen gibt es; es sind Beziehungen, in der beide sagen: *»Es ist gut, dass du da bist.«* Das ist die Wurzel jeder tiefen Beziehung zwischen Menschen: Ja sagen zueinander, ja zum Dasein und Sosein des anderen, ja zu seinen Rechten, die ich respektiere, ja zu seiner Würde, die ebenso groß ist wie die eigene. Wichtig ist nun, mit welcher Motivation das Ja zum anderen gesagt wird. Zwar sagen auch Geschäftspartner »ja« zueinander, um ein bestimmtes Geschäft abschließen zu können. Aber erst wenn das »Ja« zu einer Person *um ihrer selbst willen* gesagt wird, können wir von jener Qualität von Beziehung sprechen, nach der sich alle Menschen sehnen und die wir Liebe nennen. *Liebe ist das zum anderen gesagte: »Ja, es ist gut, dass du da bist.«*

Sicher gibt es ganz unterschiedliche Formen zwischenmenschlicher Liebe, je nachdem, um welche Personen es sich handelt und in welcher Situation sie in Beziehung zueinander treten. Eltern lieben ihre Kinder anders als Kinder ihre Eltern und als Geschwister sich untereinander lieben. Die Liebe zwischen Freunden ist etwas anderes als die Liebe zwischen Mann und Frau, die zur Ehe führt oder in der Ehe gelebt wird. Und dennoch, so unterschiedlich diese Beziehungen zwischen diesen Personen sein mögen, sie haben alle eines gemeinsam: Sie beruhen darauf, dass die beteiligten Personen »ja« sagen zum Gegenüber um seiner selbst willen. In allen diesen Beziehungen sagen sich die Beteiligten auf unterschiedliche Art und Weise: »Es ist gut, dass du da bist.« Man kann sie Liebes-Beziehungen nennen.

Nun gibt es Menschen und Beziehungen, die ich mir nicht ausgesucht habe. Schon die Glieder meiner Familie habe ich mir nicht ausgesucht, und sie haben mich nicht ausgesucht. Die Mitschüler in der Klasse, die Kommilitonen an der Universität, die Kollegen am Arbeitsplatz, die Geschäftspartner, sie alle habe ich mir nicht ausgesucht. Vielleicht würde ich, wenn ich könnte, mir einen anderen Vater schnitzen. Auf den Geschäftspartner könnte ich ohne weiteres verzichten. Auch auf den Knöllchen verteilenden Polizisten. Zu solchen Leuten brauche ich nicht unbedingt eine Beziehung. Und doch muss ich mir die Frage stellen: Wie soll ich mit ihnen umgehen? Ist auch in diesen Beziehungen Raum für Liebe? Gilt am Ende auch dort das Gebot, den Nächsten zu lieben wie sich selbst? Allerdings. Auch diese anderen haben das Recht auf mein »Ja« zu ihnen.

Warum? Sie haben eine ebensolche Würde wie ich. Wie ich selbst leben auch sie davon, dass andere Menschen zu ihnen sagen: »Es ist gut, das du da bist.« Woher sollte ich mir das Recht nehmen, ihnen ihre Existenzberechtigung abzusprechen? Sie haben Anspruch auf mein »Ja« zu ihnen. Dieses »Ja« ist nicht das »Ja« der Freundschaft. Wenn Christus uns im Evangelium aufträgt, sogar unsere Feinde zu lieben, so verpflichtet er uns damit nicht, jedermanns Freund zu sein. Aber das »Ja« zum anderen, das sich in Respekt, Höflichkeit, Freundlichkeit, Hilfsbereitschaft, Ehrlichkeit, Gerechtigkeit verwirklicht, dieses »Ja« kann ich auch zum Fremden und zu dem, der mir unsympathisch oder gar mein Feind ist, sagen. Jede menschliche Gemeinschaft – ob Staat, Familie, Unternehmen, Verein oder Freundeskreis – ist darauf angewiesen, dass die beteiligten Personen dieses grundlegende »ja« zueinander sagen. Hinter allen Artikeln unseres Grundgesetzes, die das zwischenmenschliche Zusammenleben verbindlich regeln, steht die Überzeugung: »Jeder Mensch hat Anspruch darauf, dass die anderen zu ihm ›ja‹ um seiner selbst willen sagen.« Dieses Prinzip jedes menschlichen Zusammenlebens findet sich wieder in der sogenannten ›Goldenen Regel‹ des Evangeliums, jener Regel also, die als Kurzformel alle weiteren Regeln des menschlichen Zusammenlebens in sich vereint: »Alles, was ihr also von anderen erwartet, das tut auch ihnen! Darin besteht das Gesetz und die Propheten« (Mt 6,12). Erst auf dieser Basis ist sichergestellt, dass alle menschlichen Beziehungen, auch das oben beschriebene Verhältnis zwischen Käufer und Kunde, den Beteiligten zum Vorteil gereicht. Denn sie schließt zum Beispiel aus, dass Geschäftsbeziehungen in Lug und Trug ausarten.

Schließt das umfassende Liebesgebot Nützlichkeitsüberlegungen aus? Ist es beispielsweise verboten, dass ein Unternehmer Mitarbeiter sucht, die ihm dazu verhelfen, dass sein Unternehmen gut läuft und er Gewinne macht? Natürlich ist nichts daran auszusetzen, dass Menschen einander nützlich sind. Ja, Teile des menschlichen Zusammenlebens beruhen sogar darauf. Es wäre allerdings ein verhängnisvolles Selektionskriterium, wenn nur noch der Nützlichkeitsaspekt beim »Ja« zum Nächsten eine Rolle spielen würde. Das wäre menschenverachtend. Auch wenn Menschen im Dienste anderer stehen, verlieren sie nicht ihre Persönlichkeitsrechte. Das »Ja« zu einer Person, von der ich mir einen Vorteil verspreche, ist nur dann recht und billig, wenn es aufsetzt auf dem »Ja« zur Person um ihrer selbst willen. Wenn andere mich nur daraufhin betrachten, ob ich nützlich bin, wird es hochproblematisch: wenn ich beispielsweise krank, alt, schwach, behindert, wenig begabt oder gar ungeboren bin. Nur das »Ja« zu jedem Menschen um seiner selbst willen bewahrt die Gesellschaft vor Menschenverachtung.

Ich gewinne Freunde, indem ich Sympathie und Wohlwollen schenke

Das »Ja« zum anderen um seiner selbst willen steht am Beginn jeder menschlichen Gemeinschaft. Dieses »Ja« gilt für mir vorgegebene Beziehungen, seien es flüchtige, wie die zu dem Autofahrer, der mich auf der Autobahn überholt, wie auch für tiefe Beziehungen, wie die zu meiner Verwandtschaft. Besondere Beachtung verdienen die tieferen Beziehungen, die ich selbst wähle und die ich Freundschaften nennen möchte. »Freund« oder »Freundin« ist – wenn das Wort ernst gemeint und nicht zu einem Allerweltswort verkommen ist – ein Ehrentitel. Wenn ich jemanden als meinen Freund oder meine Freundin bezeichne, dann bringe ich damit zum Ausdruck, dass die Beziehung zu ihm oder ihr etwas Besonderes ist. Verlässlichkeit und Vertrauen, zueinander stehen und einander helfen, miteinander reden und sich einander anvertrauen, das alles schwingt in dem Wort Freund, Freundin mit.

Wie kommt es zu Freundschaften? Wie kommt es, dass innerhalb der Vielzahl von Menschen, die einander bei den verschiedensten Gelegenheiten begegnen, sich manche so finden, dass ihre Beziehung zueinander etwas Besonderes wird? Für das Thema Freundschaft hat die Gefühlswelt, die wir als Brücke zwischen Leib und Seele kennengelernt haben, eine wichtige Bedeutung. Denn es gibt Menschen, die mir spontan und völlig unüberlegt sympathisch sind. Ihr Aussehen, ihr Auftreten, ihre Art und Weise, wie sie sich geben und verhalten, das, was sie sagen und wie sie es sagen – all das kann in mir spontan die Reaktion auslösen: Er oder sie ist mir sympathisch. Wie gesagt, diese Reaktion ist nicht Ergebnis einer verstandesmäßigen Analyse. Sie tritt spontan auf, ist von Gefühlen begleitet und kommt von Herzen. Auch das Hungergefühl beispielsweise entsteht spontan, ob ich will oder nicht. Und dieser Hunger treibt mich dazu, etwas zu essen. Das Gefühl der Sympathie oder Antipathie gegenüber einem Menschen ist allerdings etwas ganz anderes. Es ist nicht nur Ergebnis irgendeines physiologisch-biologischen Vorganges in meinem Körper. Es ist Ergebnis einer unmittelbaren Erfahrung, die ohne die geistige Dimension Verstand und Wille so nicht möglich wäre. Nennen wir diese besonders durch den Geist motivierten Gefühle Affekte.

Interessant an den Affekten ist, dass sie einen Niederschlag im leiblichen Bereich finden. So kann es einem jungen Mann passieren, dass er bei der Begegnung mit einem besonders anziehenden Mädchen vor Verlegenheit einen roten Kopf bekommt oder dass sein Herzschlag sich beschleunigt. Mehr noch: Die Begegnung mit einer schönen jungen Frau ruft nicht selten sogar geistige, kreative Reaktionen hervor: Einer der noch nie drei Zeilen geschrieben hat, wird zum Briefautor, ein anderer entdeckt seine poetische Ader und verfasst Liebesgedichte. Die wunderbar klare Erkenntnis der Schönheit einer menschlichen Person kann eine Fülle von positiven, den ganzen Menschen umfassenden geistigen Reaktionen hervorrufen wie Einsicht, Umsicht, Rücksicht, Aufmerksamkeit und Empathie. Das Wort »Empathie«, das aus dem Englischen kommt und mit »Einfühlung« nur mühsam übersetzt werden kann, bezeichnet eine außerordentlich wichtige Fähigkeit, die zum Beispiel Unternehmen von Bewerbern für Führungspositionen erwarten.

Sympathie (= Mitfühlen) – eine Variante der »Empathie« – kann freilich auch negative Auswirkungen haben; die Redewendung »Liebe macht blind« gibt ein Beispiel dafür. Sympathie oder Antipathie gegenüber einem Menschen können mein Denken massiv beeinflussen, können ihm neue Dimensionen eröffnen oder es partiell ausschalten und mich damit »blind« machen. Dem sympathischen Nachbarn auf der einen Seite verzeihe ich gerne alle Fehltritte, während bei dem unsympathischen auf der anderen Seite jede noch so kleine Kleinigkeit »das Fass zum Überlaufen bringt«. Affekte entfalten ihre prägende Kraft bis hinein in unsere Alltagssprache. Wer beispielsweise die Regenbogenpresse oder das Fernsehprogramm verfolgt, kann seine Studien zum Thema »Affekte« machen. Meistens geht es um »Liebe« im Sinne einer erotisch gefärbten Freundschaft. Doch was da oft »Liebe« heißt, würde man besser mit Sympathie bezeichnen; die Rede ist von einem Affekt, nicht von tiefer, unbedingter Hingabe. »Liebe« als Affekt heißt nichts anderes als »verliebt« sein – und das manchmal nur kurzzeitig.

Halten wir fest: Sympathie ist ein entscheidendes Motiv für das Entstehen von Freundschaft. Dennoch erschöpft sie sich nicht darin. Freundschaft umfasst den ganzen Menschen mit Leib und Seele und nicht nur die Gefühlswelt, die ja die Schnittstelle zwischen Leib und Seele des Menschen ist. Zur Sympathie kommt das »Ja« zum anderen um seiner selbst willen hinzu, das wir eben betrachtet haben. Dieses »Ja« zum anderen schlägt sich in meiner gesamten geistigen Haltung nieder, auch in meinem Verstand und vor allem in meinem Willen. Freundschaft bedeutet so: ein durch die wechselseitige Sympathie motiviertes gegenseitiges Wohlwollen.

Was meint das Wort »Wohlwollen« genauer? Wenn ich jemandem wohlwill, dann bringe ich damit zum Ausdruck: »Ich will für dich all das Gute, das ich auch für mich und mein Leben will.« Solange Wohlwollen von Sympathie getrieben ist, bezieht es sich eher auf mich selbst: Wer mir sympathisch ist, löst in mir ein »wohliges« Gefühl aus. Etwas sagt in mir: »Es ist gut für *mich*, wenn du da bist. Ich fühle mich wohl, wenn ich dir begegne.« Auf der Ebene der Gefühle wird ein Du gewissermaßen ins eigene Ich einverleibt. Im Vordergrund steht jedoch das Ich.

Wenn aber mehr als bloße Sympathie dahintersteckt, dann wird diese Bewegung vom Du zum Ich durch eine gegenläufige Tendenz ergänzt, durch die Bewegung vom Ich zum Du. Dann sage ich: »Ich will für *dich* alles Gute, das ich auch für mich will.« Das »Du« tritt mehr und mehr in den Vordergrund, das »Ich« in den Hintergrund. Und je stärker und tiefer diese wohlwollende Freundschaft wächst, desto eher bin ich bereit, für den anderen auch Unannehmlichkeiten, Schwierigkeiten und Verzicht auf mich zu nehmen. Ja, mein eigenes Wollen, meine Wünsche werden immer unbedeutender. Das erfordert manchmal eine gehörige Portion Anstrengung. Wohlwollende Freundschaft bedeutet eine ständige Kampfansage an meinen Egoismus. Aber das Frappierende an dieser freundschaftlichen Beziehung ist nun: Das eigene Ich kommt dabei gar nicht zu kurz. Merkwürdig: Das Zurücktreten des Ichs zugunsten des Du zerstört nicht das eigene Ich. Vielmehr wird es bereichert und beschenkt. Dies gilt auch dann noch, wenn Freundschaft nicht erwidert wird. Eltern können einem Kind echtes Wohlwollen entgegenbringen, aber das Kind ist undankbar. Trotzdem liegt Sinn und Befriedigung im Tun der Eltern. Wenn Freundschaft jedoch auch noch mit Sympathie und Wohlwollen beantwortet wird, macht sie glücklich.

Ich suche mein Glück in der Hingabe

Je tiefer und intensiver eine Freundschaft ist, desto konsequenter geht sie den Weg vom Ich zum Du. Das Du des Freundes nimmt immer schärfere Konturen und immer größere Bedeutung für mich an. Ich interessiere mich mehr und mehr für das, was den Freund interessiert. Freude und Leid, die Affekte, die ihn bewegen, beeinflussen meine Affekte. Ich nehme an seinem Leben teil, und das bereichert mich: »Geteilte Freude ist doppelte Freude; geteiltes Leid ist halbes Leid«, lautet eine alte Weisheit.

Ja, Freundschaften können so weit gehen, dass ich für die Freundin, den Freund mein eigenes Leben aufs Spiel setzen würde. Genau dies sagt die Redewendung aus: Für sie oder ihn würde ich »durchs Feuer gehen«. Das eigene Leben zugunsten des anderen einzusetzen, ist das entscheidende Motiv vieler klassischer Heldensagen in der Literatur, bis hin zu den Helden der Geschichten von

Karl May. Und auch heute noch fasziniert der heldenhafte Einsatz des eigenen Lebens die Menschen. Wie viel Bewunderung brachte man nicht den Feuerwehrleuten in New York entgegen, die am 11. September 2001 unter Einsatz ihres Lebens unzählige Menschen vor dem sicheren Tod retteten! Mit solchem Heldentum, das bereit ist, das eigene Leben hinzugeben, verbindet man in Deutschland leider auch eine dunkle Erinnerung. Die Verbrecher des Dritten Reichs nutzten die Hingabefähigkeit und -bereitschaft des Menschen, jene Höchstform von Liebe und Freundschaft, für ideologische und verbrecherische Ziele aus und nahmen sie skrupellos in Dienst. Aber auch und gerade in dieser Zeit gab es Zeugnisse echten Heldentums. Denken wir nur an den heiligen Maximilian Kolbe, der sein eigenes Leben im Hungerbunker von Auschwitz opferte, um das Leben eines Familienvaters zu retten.

So können wir sagen: Freundschaft ist der Weg vom Ich zum Du. Sie ist motiviert von Sympathie, bleibt da aber nicht stehen. Gipfel und Endpunkt dieses Weges ist die Bereitschaft, das Du, den anderen, nicht nur in den Mittelpunkt zu stellen, sondern sogar im Ernstfall das eigene Leben für sie oder ihn einzusetzen. Ist dieser Gipfelpunkt von Freundschaft und Liebe nun aber nur ein Ideal, das vielleicht da oder dort in der Geschichte einmal erreicht wurde? Oder ist es eine aktuelle und für jeden realistische Möglichkeit? Ist es ein Weg für mich?

Nicht ohne Grund ist »Liebe und Freundschaft« Thema Nr. 1 in der Gesellschaft. Es gibt keine größere Sehnsucht des Menschen, als geliebt zu werden und diese Liebe erwidern zu können. Ohne Liebe leben zu müssen, sie weder zu empfangen noch zu schenken, das ist die Hölle. Demgegenüber ist ein Leben in vollkommener Liebe, ohne jegliche Unzulänglichkeit oder gar Bosheit, dazu noch ohne Anstrengung und Schmerzen, der Himmel. Die Erfahrung zeigt, dass es den Himmel auf Erden ohne Anstrengung und Schmerzen leider nicht gibt. Das Aufregende ist aber nun: Je mehr es mir gelingt, ein Leben in Liebe zu führen, desto näher komme ich diesem Himmel, desto erfüllter und froher wird mein Leben.

Ist das nicht paradox? Je mehr sich ein Mensch verschenkt, desto mehr gelangt er zur Erfüllung, desto mehr wird er zum Gewinner. Wer sich schenkt, verliert sich nicht, sondern ist selbst der Beschenkte. Wer Glück und Erfüllung sucht, indem er für sich ein Maximum an Wohlstand, Ansehen, Genuss und Lust erstrebt, findet vieles – bloß nicht Glück und Erfüllung. Wer jedoch daran arbeitet, sich immer mehr zu verschenken, dem wird noch und noch Glück geschenkt, eine Erfüllung, die bleibt. Ausgelebter Egoismus führt zur Isolation, gelebte Hingabe zu Freundschaft und Erfüllung. Papst Benedikt XVI. formuliert daher in seiner ersten Enzyklika »Deus caritas est«: »Ja, Liebe ist ›Ekstase‹, aber Ekstase nicht im Sinn des rauschhaften Augenblicks, sondern Ekstase als ständiger Weg aus dem in sich verschlossenen Ich zur Freigabe des Ich, zur Hingabe und so gerade zur Selbstfindung, ja, zur Findung Gottes …« (Nr. 6). Von hier aus wird auch das zunächst paradox klingende Wort des Herrn im Evangelium deutlicher: »Wer sein Leben zu bewahren sucht, wird es verlieren; wer es dagegen verliert, wird es gewinnen« (Lk 17,33).

Ich finde einen Gott, der die Liebe ist

Bisher haben wir uns gefragt: Was ist der Mensch? Wer ist der andere, was habe ich mit ihm zu tun? Was ist Liebe, was Freundschaft? Was bedeutet es, dass ich fähig bin zu Sympathie und Wohlwollen, ja sogar zur Hingabe meines eigenen Lebens? Dabei haben wir uns immer des »gesunden Menschenverstandes« bedient. Daher sind die Ergebnisse unserer Überlegungen auch für Menschen, die nicht glauben, unmittelbar nachvollziehbar.

Dennoch stößt hier unser Menschenverstand an seine Grenzen. Hingabe als Höchstform der Liebe – kann man das wirklich leben? Muss ich nicht zuletzt doch sehen, dass ich auf meinen Kosten komme? Liebe – gut und schön! Aber kann man sie denn zur Grundlage von allem machen, zum Leitgedanken jeder Beziehung, zur Basis allen gesellschaftlichen Lebens? Ist das nicht ein bisschen verrückt? Viel zu hoch gedacht? Im wirklichen Leben gar nicht zu erreichen? Utopische Ideale – das wissen wir – führen doch nur zur Enttäuschung! Gewiss wäre es schön, die Liebe zu leben. Das sieht auch der gesunde Menschenverstand ein. Aber was hilft uns das, wenn man ein solches Ideal nicht im Leben verankert findet?

Tatsächlich sieht unsere Vernunft viel weniger ein, als sie theoretisch könnte. Natürlich weiß ich beispielsweise, dass es Unrecht ist, einen Kollegen, der sich konkurrierend mit mir um eine Beförderung bemüht, durch üble Nachrede zu verunglimpfen. Aber wie groß ist die Versuchung, mir alle Argumente zurechtzulegen, dass solche Verunglimpfungen gerechtfertigt erscheinen: »Er hat es nicht besser verdient. Es geht gar nicht um mich, sondern um das Unternehmen, das ich vor meinen Konkurrenten schützen muss …« Schluss mit Liebe?

Hier nun ist es der Glaube, der uns sagt: Solche Phänomene haben in der Wirklichkeit der Sünde ihre Wurzel. In ihr zeigt sich die Gebrochenheit und Unzulänglichkeit unserer Welt. Täglich auf Schritt und Tritt – auch bei uns selbst – müssen es erleben. Es schadet daher nichts, gegen sich selbst und die eigenen Urteile gewisse Vorbehalte zu haben. Wir laufen oft wie blind durch die Welt. Erst Jesus Christus bringt unserer Vernunft das nötige Licht, das uns von unseren »beziehungstechnischen« Verblendungen befreit. Als Gottessohn und Menschensohn, als wahrer Gott und wahrer Mensch zugleich, zeigt er uns, wer der Mensch tatsächlich ist. In seinen Abschiedsreden sagt Jesus: »Es gibt keine größere Liebe, als wenn einer sein Leben für seine Freunde hingibt. Ihr seid meine Freunde, wenn ihr tut, was ich euch auftrage« (Joh 15,13-14). Dieses Wort bestätigt unsere Überlegungen und Gedanken zu Liebe und Freundschaft. Denn wir hatten von einem Ideal gesprochen; hier aber ist einer, der es lebt. In diesem Wort von der Hingabe für die Freunde ist das ganze irdische Leben Jesu zusammengefasst.

Hingabe ist die Überschrift des Lebens Jesu Christi auf Erden. Jeder Augenblick seines Lebens ist Geschenk für die Menschen. Er teilt unser Leben von der Empfängnis an. Gott macht sich klein bis zum Kind, um unser Herz zu gewinnen. Er begibt sich auf das Niveau unseres begrenzten Fassungsvermögens, wenn er mit Hilfe von Gleichnissen die Wahrheit vom Reich Gottes verkündet. Er vollbringt erfahrbare Wunder und bezeugt darin seine göttliche Vollmacht. Stellvertretend für alle Menschen aller Zeiten tun ihm alle Bosheiten und Sünden der Welt buchstäblich »leid«. Stellvertretend für alle Verbrechen lässt ausgerechnet er, der ohne Sünde war, sich als Verbrecher kreuzigen. Dieses Kreuz ist kein Scheitern und schon gar nicht das traurig-kuriose Ende eines blauäugigen Gutmenschen. Dem Karfreitag folgt der Ostermorgen, dem Tod die Auferstehung. Gerade so verwandelt er Tod in Leben, so dass für alle Menschen nach dem Tod ein

Platz im Himmel vorbereitet ist. Gerade so verwandelt er Sünde in Liebe. Ja, durch die Kraft des Gekreuzigten ist es möglich, tatsächlich zu lieben, Freundschaft zu schenken, sich selbst zu verschenken. Gott wendet uns die Gnade der Erlösung zu und versetzt uns damit nicht nur in die Lage, seinen Willen zu erkennen, sondern er schenkt uns auch die nötige Kraft, diesem Willen zu folgen.

Das Liebesgebot Jesu ist daher keine Überforderung. »Liebe kann ›geboten‹ werden, weil sie zuerst geschenkt wird«, sagt Papst Benedikt XVI. in »Deus caritas est« (Nr. 14). Ohne den gnädigen Beistand Gottes wäre ein Leben in Liebe bis zur Hingabe praktisch nicht möglich. Selbst wenn wir mit Hilfe unseres Verstandes erkennen, dass die Höchstform der Liebe Hingabe ist und dass es keine größere Sehnsucht der Menschen gibt, als zu lieben und geliebt zu werden, wir würden – auf uns allein gestellt – vor der Verwirklichung dieser Sehnsucht kapitulieren, wie es ja auch de facto häufig geschieht. Und so versuchen viele Menschen, die sich nicht in die Gemeinschaft mit Christus begeben, auf anderem Wege Glück und Erfüllung zu finden. Dazu wählen sie nicht den Weg des Sich-Verschenkens, sondern suchen mit allen Kräften die Erfüllung ihrer eigenen Wünsche. Damit kann es ihnen zwar gelingen, Reichtümer aller Art anzuhäufen und manche Wünsche zu befriedigen. Doch jeder befriedigte Wunsch setzt mindestens zwei neue in die Welt. Das »Haben-Wollen« wird zu einem »Immer-mehr-haben-Wollen«. Glück und Erfüllung werden so nie erreicht. Vor diesem Hintergrund, vor der Wahrheit, die Jesus Christus durch sein Leben bezeugt, erinnert das Zweite Vatikanische Konzil daran, dass der Mensch »sich selbst nur in der aufrichtigen Hingabe seiner selbst vollkommen finden kann« (Pastorale Konstitution »Gaudium et spes«, 24).

Das Wunderbare an der Liebe von Mann und Frau

Wenn es auf den Monitoren und Leinwänden dieser Welt um »Liebe« geht, dann fast immer um die Liebe zwischen Mann und Frau. Dabei haben wir eben darüber nachgedacht, dass Liebe viel umfassender ist. Sie sollte jede menschliche Beziehung prägen, sollte sogar Menschen, die sich richtig unsympathisch sind, miteinander verbinden. Liebe ist ja etwas anderes als dieses Moment der Sympathie, das zwar häufig zu Freundschaft und Liebe motiviert, aber jedenfalls für den Christen nicht notwendig dazugehört, wenn es um die Beziehung zu anderen Menschen geht. Jesus hat ja geboten und vorgelebt, dass und wie man Menschen liebt, die einem von Herzen unsympathisch sind (was übrigens tröstlich ist, wenn man bedenkt, dass man selbst häufig kein besonders liebenswerter und sympatischer Zeitgenosse ist). Liebe bedeutet gegenseitiges Wohlwollen, die Bereitschaft, das eigene Ich zurückzunehmen und dem Du den Vortritt zu lassen. Liebe beinhaltet immer die Bereitschaft zu geben, zu schenken, aber auch anzunehmen. Das alles gilt auch für die Liebe zwischen Mann und Frau. Doch unterscheidet sich die erotische Liebe in entscheidenden Punkten von allen anderen Formen der Liebe.

Die erotische Liebe beginnt mit Gefühl

Zunächst spielt das Gefühl für die Liebe zwischen Mann und Frau eine ganz umwerfende Rolle, wie es jeder erfahren hat, der einmal bis über beide Ohren in einen Menschen des anderen Geschlechts verliebt war. Mag es andere Beziehungen zwischen Menschen geben, die nicht Sympathie zur Grundlage haben, so ist eine Liebe zwischen Mann und Frau ohne das unmittelbare Voneinander-angezogen-Sein nicht denkbar. Die Sympathie der Liebenden denkt nicht nach; sie ist das spontane Angesprochensein von der anderen Person; sie organisiert Schmetterlinge im Bauch. Selbst diese »Schmetterlinge« bleiben von der Wissenschaft nicht verschont: Den Beobachtungen der Humanwissenschaften zufolge sprechen Männer zunächst und unmittelbar auf die äußere Erscheinung einer Frau besonders an, auf ihr Aussehen, ihre »Figur«, ihren – wie man sagt – »Sex-Appeal«. Männer neigen in der Folge dazu, sich auf diese Merkmale zu fixieren. Einerseits gefällt vielen Frauen das (sie »brezeln« sich ja in dieser Richtung »auf«), andererseits wünschen sie sich mit guten Gründen häufiger, auch einmal als Mensch und Vernunftwesen wahrgenommen zu werden. Demgegenüber sprechen Frauen – so wieder die Humanwissenschaften – weniger auf körperliche Details der Männer an, sondern auf ihren Gesamteindruck, auf ihre Ausstrahlung. Wohlgemerkt, hier geht es um eine Art »Initialzündung« für Sympathie oder Antipathie. Sympathie selbst geht weiter und umfasst nach und nach die ganze Person, insbesondere ihren Charakter. Der Weg der Sympathie geht sozusagen von außen nach innen: von der äußeren Gestalt zur inneren Eigenart der Person.

Die Sympathie, die Mann und Frau füreinander empfinden, erhält von Beginn an seine besondere Prägung und seinen unvergleichlichen Zauber durch die geschlechtliche Identität von Mann und Frau. Sexualität macht das Leben spannend. Mann und Frau können die Augen nicht voneinander lassen, sind wie gebannt vom Anderssein des anderen in jeder Geste, jedem Blick, jedem Gedanken. Die Sexualität macht, dass Mann und Frau gespannt sind aufeinander, dass sie sich irgendwie brauchen, dass sie ohne dieses Aufeinander-bezogen-Sein und Korrespondieren im anderen Geschlecht nicht gut existieren können. Die Sexualität bildet so etwas wie das Spielfeld und das »Material« der besonderen Liebe zwischen Mann und Frau. Sex ist also zumindest in jungen Jahren der Kitt, der Mann und Frau aneinander bindet.

Nun hat aber die Sexualität zwischen Mann und Frau noch eine Eigenschaft: Es können Kinder dabei entstehen (was manche »irgendwie als Störung bei der Geschichte« empfinden). Sagen wir es zunächst einmal wertneutral: Sexualität weist über die Liebe von Mann und Frau hinaus, indem sie auf die Weitergabe des Lebens zielt. Liebe und Weitergabe des Lebens, das sind zwei Sinngehalte der Sexualität. Sie sind so untrennbar verbunden wie Leib und Seele. Wenn jemand sagt: Ich will dich lieben und dich mit allem annehmen, was aus unserer Liebe entsteht, dann umfasst dies natürlich auch Kinder. Sie sind ja (um es mit einem alten Ausdruck zu sagen) »die Frucht der Liebe«.

Zur erotischen Liebe gehört der ganze Mensch – mit Leib und Seele. Der Seele entspringt die Liebe, während die Weitergabe des Lebens in der leiblichen Dimension des Menschen ihre Wurzeln hat. Die Sexualität als Trieb und Leidenschaft ist zunächst »blind« und drängt, isoliert betrachtet, lediglich auf Befriedigung. Die sexuelle Komponente in uns neigt zum »Haben-Wollen«, zum egoistischen »Ich will«. Gott sei Dank gibt es da noch diese gesunde Spannung zur seelischen, wohlwollenden Komponente in uns, die sich gleichzeitig zu Wort meldet und sagt: «Ich will auch dir all das Gute tun, das ich für mich selbst erhoffe.« Wie alle Leidenschaften bedarf daher auch die Sexualität der Integration in die Ganzheit der Person und das Größere der Liebe. Liebloser Sex ist etwas vom Grausamsten, was Menschen sich antun können. Wird die Liebe zwischen Mann und Frau auf die Ebene der Sexualität reduziert, dann werden sich die Partner zum gegenseitigen Mittel der eigenen Befriedigung – und das reicht nicht aus, um von Liebe zu sprechen.

Es wirkt immer etwas komisch, wenn ältere Menschen jüngeren Menschen sagen: Sex ist nicht alles – als wollten sie der nächsten Generation den Spaß an der Lust verderben. Das wäre aber unchristlich, hat Gott doch auch die Lust erschaffen und gewollt, dass sich die Menschen an ihr freuen. Aber er hat noch etwas Größeres gemacht: die Liebe – und er möchte, dass alles (und selbst so eine umwerfende »Erfindung« wie die Sexualität) in ihr aufgehoben ist und durch sie aufgewertet wird. »Wo die Liebe auftaucht«, sagt der mittelalterliche Denker Bernhard von Clairvaux, »fängt sie alle anderen Triebe ein und überführt sie in Liebe«. Von daher also kann man sagen: Sexualität ist eine wichtige Grundlage der besonderen Liebe zwischen Mann und Frau, aber nicht die Kommandozentrale. Daher bedeutet Integration der Sexualität, sie durch Liebe, Klugheit und Gerechtigkeit zu »zähmen«, ihr den Platz zu geben, der ihr gebührt. Das geht nicht ohne Mühen und Kämpfe. Wir haben bereits über den Sinn der Tugenden nachgedacht. Auch hier haben sie ihren Platz. Entscheidende Stichworte sind: sich beherrschen können, zur Enthaltsamkeit fähig sein, sich zurücknehmen können.

Die erotische Liebe entscheidet sich

Neben dem besonderen Stellenwert, den das erotisch getönte Gefühlsleben in der Liebe zwischen Mann und Frau hat, können wir eine zweite Besonderheit feststellen: Liebe ist nicht nur wählerisch. Richtige Liebe wählt. Liebe beginnt mit dem Sortieren denkbarer Partner in der Tanzstunde. Aber das Leben ist keine Tanzstunde. Irgendwann kommt man aus dem infantilen Stadium heraus – und aus den vielen denkbaren Lieben wird die eine große Liebe. Liebe ist also Auswahl der Partner bis hin zur Exklusivität. Wenn Heranwachsende das erste Mal verliebt sind und es zu einer Art von Bindung kommt, dann nennen sie einander »mein Freund«, »meine Freundin«. Hier wird schon eine gewisse Ausschließlichkeit deutlich. Freunde und Freundinnen gibt es viele, aber »*mein* Freund« oder »*meine* Freundin« drückt eben aus, dass diese Beziehung nur zu einer Person besteht. Je intensiver die Beziehung wird, je mehr beide Partner ein »Paar« werden, desto exklusiver wird sie. Einen Jungen, der mehrere Freundinnen zugleich hat, mit denen er »zusammen« ist, nennen wir charakterlos. Und jede dieser Freundinnen, die in Erfahrung bringt, dass es noch andere gibt, kommt sich ausgenutzt vor. Einen »Harem« zu haben ist mit der gleichen Würde, die Mann und Frau haben, nicht vereinbar.

Die Exklusivität in der Beziehung zwischen Mann und Frau wird schließlich endgültig fixiert und nach außen dokumentiert, wenn beide heiraten. Es gibt wohl kaum etwas Verletzenderes für Ehepaare, als wenn einer von beiden »fremd«geht und damit die versprochene Exklusivität bricht.

Die erotische Liebe spricht durch den Leib

Jede menschliche Beziehung, insbesondere jede Freundschaft, betrifft uns als ganze Menschen mit Leib und Seele. Zwar gibt es Freundschaften, die vor allem auf gemeinsamen Interessen aufbauen. Solche Freundschaften haben ihren Akzent in der geistigen Dimension des Menschen. Sie gewinnen ihre Kraft vor allem aus dem gemeinsamen Verstehen und gemeinsamen Wollen. Aber selbst solche Freundschaften umfassen die leibliche Dimension des Menschen. Kein Gedanke, kein Wort, keine Erfahrung könnte ausgetauscht werden, ohne dass der Leib mit ins Spiel kommt, ohne dass Stimmbänder die Worte, die in meine Gedanken geformt sind, in vernehmbare Sprache artikulieren. Wir drücken dem Freund die Daumen und geraten ins Schwitzen, wenn er auf den letzten Metern eines Marathonlaufs einbricht.

Alle Freundschaften brauchen Freundlichkeiten: ein freundliches Wort, einen aufmunternden Blick, einen Händedruck, eine Umarmung. Nicht umsonst gibt es das Wort von der »Körpersprache«. Unser Körper signalisiert Empfindungen, Gedanken und Regungen. So hinterlässt oft die erste Begegnung mit einem Menschen schon bleibende Eindrücke, bevor er überhaupt ein Wort gesprochen hat: Schaut er mich freundlich oder feindselig an? Ist er höflich oder kaltschnäuzig? Schaut er mir in die Augen, ,oder blickt er verschämt unter sich? Ohne darüber nachzudenken, kommen wir so zu Vor-Urteilen, die, solange sie ergebnisoffenes weiteres Beobachten und Nachdenken nicht blockieren, keineswegs Vorverurteilungen sind. Sie bilden einen ganz natürlichen Meilenstein fortschreitender Erkenntnis. Halten wir fest: Jede Beziehung zu einem Menschen umfasst Leib und Seele, und jede Freundschaft wird in bestimmtem Umfang seinen leiblichen Ausdruck finden und sich auch körperlich »aussprechen«.

Diese leibliche Dimension der Freundschaft gewinnt in der Beziehung zwischen Mann und Frau eine besondere Bedeutung. Intensiver als bei anderen Freundschaften drückt sich die Liebe – das freie, herzliche Ja zur anderen Person – im Körperlichen aus. So werden die Gesten, der Austausch von Zärtlichkeiten zwischen Mann und Frau zu einem wortlosen Sprache, die in vielen Formen und kleinen Zeichen nur das eine sagt: »Ich liebe dich.« Die körperlichen Ausdrucksformen, die von der Umarmung und dem Kuss bis hin zur geschlechtlichen Vereinigung reichen, bilden so etwas wie eine »Sprache des Leibes«, die intensiver und umfassender sein kann als die Sprache, die Worte hat. Die Parallele zwischen der Sprache des Leibes und der Sprache der Worte geht noch weiter. Worte sind erst dann mehr als Blabla, wenn sie mit der Wirklichkeit übereinstimmen, wenn sie sozusagen Stellvertreter von Wirklichkeiten im Geist sind. Wenn wir also wissentlich die Unwahrheit sagen, so nennen wir dies Lüge. Und wenn einer lügt, das Lügen ihm zur Haltung wird, so nennen wir ihn »verlogen«. Mit einem solchen Menschen lässt sich eine positive Beziehung nur schwer aufbauen. Gerade Freunde wollen sich auf die Wahrhaftigkeit von Worten verlassen können.

Ganz ähnlich verhält es sich mit der Sprache des Leibes. Bestimmte Gesten drücken eine bestimmte Intensität von Liebe aus. Ist die gegenseitige Umarmung noch ein unverbindliches Zeichen von Sympathie, so drückt der Kuss, sieht man von dem russischen Begrüßungszeremoniell ab, schon eine innigere, exklusive Beziehung aus. Er ist Ausdruck jener spezifischen Liebe zwischen Mann und Frau, die eine(n) unter vielen auswählt. Der Frauenheld, der sich inflationär von Party zu Party »knutscht«, mag sich zwar als hinreißender Womanizer vorkommen. Normal denkende und empfindende Menschen würden ihn hingegen als charakterlos bezeichnen. Hier wird der körpersprachliche Ausdruck für exklusive Liebe seines Sinnes beraubt. Der Kuss wird zur leiblichen Lüge. Und wie alle Lügen, verletzt auch die leibliche Lüge den Partner, indem sie ihm die Wahrheit vorenthält. Jeder kann beim Austausch einer so vertrauten Zärtlichkeit, wie es der Kuss ist, davon ausgehen, dass der andere damit sagen will: Ich habe mit dir eine exklusive Beziehung. Niemand anderem »sage« ich das, was ich dir mit meinem Kuss sage. Wer der Auffassung ist, man könne mehrere erotische Beziehungen nebeneinander haben, sagt auch: Lügen ist möglich. Er kommt sich toll vor – in Wahrheit verabschiedet er sich aus der menschlichen Gesellschaft. Mit einem Lügner kann man kein Geschäft machen, keinen Termin vereinbaren, keine Beziehung eingehen und schon gar keine Familie gründen.

Da der Mensch eine Person ist, eine Einheit aus Leib und Seele, ist seine Liebe weder etwas rein Geistiges noch etwas rein Körperliches. Liebe fordert den ganzen Menschen mit Leib und Seele. Im öffentlichen Sprachgebrauch wird Liebe allerdings oft mit sexueller Liebe gleichgesetzt. Durch die suggestive Kraft der Medien wird eine Sexualisierung der Liebe gefördert, die zunehmend zu einer gesellschaftlichen Mentalität wird. So wird das Ja zur anderen Person als Ganzer zunehmend auf das Ja zum Sex des anderen reduziert. Waschbrettbäuche kämpfen um Modelfiguren. Nichts gegen durchtrainierte Männer und schöne Frauen, wenn sie zufälligerweise gleichzeitig liebevolle und liebenswerte Menschen sind. Aber machen wir uns doch nichts vor: Häufig rückt nicht gegenseitiges

Sich-Schenken und Annehmen in den Blick, sondern das gegenseitige Abchecken: Was bringt mir der Typ? Was bringt mir die Frau? Muss ich haben und ausprobieren! Statt Liebe findet Anmache statt. Man geht sich gegenseitig auf den Leim, plündert sich gegenseitig aus und lässt einander gebraucht zurück. Was in der wahren Sprache der Liebe die Vereinigung im Leben wie mit dem Leib ist, ist in der Sprache der Gier zur Lüge. Der/die Gierige will gar nicht sagen »Ich liebe dich«. Er benutzt nur die Körpersprache echter Liebe. Würde er reden, müsste er sagen: »Ich will dich benutzen.« Echte Liebe kann sich in einem solchen Milieu nicht entfalten. Sie erstickt. Die erotische Vereinigung wird zu einem Sich-Konsumieren, wobei Leib und Geist gegensätzliche Signale senden. Die andere Person wird um ihrer sexuellen Werte willen gewollt und nicht um ihrer selbst willen. Papst Benedikt XVI. nennt in seiner ersten Enzyklika »Gott ist die Liebe« (Nr. 5) die Folgen deutlich beim Namen: »Der zum ›Sex‹ degradierte Eros wird zur Ware, zur bloßen ›Sache‹ … ja, der Mensch selbst wird dabei zur Ware.«

Diese Entwürdigung der Liebe durch lügnerischen Missbrauch ihrer Zeichen kann für eine gewisse Zeit durch heftiges Gefühlsleben überlagert werden. Der Gefühlsrausch, der durch das Ausleben der Leidenschaften geweckt wird, gaukelt dem eigenen Bewusstsein vor, dass es sich hier tatsächlich um Liebe handelt. Die »Katerstimmung« folgt erst, wenn der Gefühlsrausch abebbt. Es bleibt ein schaler Nachgeschmack zurück.

Die hohe Würde des menschlichen Leibes verlangt daher einen sorgfältigen, respektvollen und wahrhaftigen Umgang mit seinen Ausdrucksformen. Leiblich signalisierte Liebe will geistig mit vollzogen werden. Wer A sagt, muss auch B sagen.

Was Heiraten bedeutet

Bei unseren Überlegungen zur Freundschaft haben wir bereits gesehen, dass Hingabe die Höchstform der Liebe zwischen Menschen ist. Wir hatten aber auch gesehen, dass wir Menschen mit der bedenkenlosen Hingabe so unsere Probleme haben. So kamen wir zur Entdeckung, dass es wirkliche Hingabe in der Welt gibt, die Hingabe Jesus nämlich für seine Freunde – eine göttliche Hingabe, an die sich menschliche Hingabe anschließen kann, um zu gelingen. In der Hingabe kommt zum Ausdruck, dass ich nicht nur mit Wohlwollen die andere Person annehme, sondern sogar bereit bin, gegebenenfalls mein Leben für sie hinzugeben. Es ist eine gebende, sich verschenkende Liebe. Sie ist bereit, das eigene Ich zurückzustellen, zu verzichten auf eigene Wünsche, den eigenen Willen nicht immer und überall an die erste Stelle zu setzen. In der exklusiven Liebe zwischen Mann und Frau nun nimmt die Hingabe eine besondere Form an.

Diese besondere Form kommt im Akt der Eheschließung vor Gottes Angesicht zum Ausdruck. Hier geben Mann und Frau sich endgültig das »Ja-Wort«. Die Brautleute binden sich und ihr ganzes Leben inklusive ihrer Zukunft aneinander. Beide versprechen einander, sich und das eigene Leben dem anderen zu schenken und anzuvertrauen und den anderen in entsprechender Weise anzunehmen. Ohne Wenn und Aber.

Jedes Geschenk, das wir geben, ist Zeichen einer besonderen Freundschaft und Liebe. Zwischen Mann und Frau geht die Liebe so verrückt weit, dass sie einander sich selbst vorbehaltlos zum Geschenk machen. Der Lyriker Erich Fried hat dazu ein wunderbares Gedicht verfasst

»Es ist, was es ist«, in dem sich viele Paare, die heiraten möchten, wiederentdecken. Es lautet:

Es ist Unsinn
sagt die Vernunft.
Es ist was es ist
sagt die Liebe.
Es ist Unglück
sagt die Berechnung.
Es ist nichts als Schmerz
sagt die Angst.
Es ist aussichtslos
sagt die Einsicht.
Es ist was es ist
sagt die Liebe.
Es ist lächerlich
sagt der Stolz.
Es ist leichtsinnig
sagt die Vorsicht.
Es ist unmöglich
sagt die Erfahrung.
Es ist was es ist
sagt die Liebe!

Erich Fried, in: »Liebesgedichte, Zorngedichte«, Berlin 1996

Was bedeutet es nun, wenn sich bei der Eheschließung Mann und Frau gegenseitig als Geschenk geben und annehmen? Was bedeutet es, wenn Mann und Frau einander versprechen: »N., ich nehme dich an als meine Frau/meinen Mann, in guten und in bösen Tagen, in Gesundheit und Krankheit. Ich will dich lieben, achten und ehren alle Tage meines Lebens, bis der Tod uns scheidet«?

Heiraten heißt sagen: Nur du

Wir haben bereits festgestellt, dass das Besondere der Liebe zwischen Mann und Frau unter anderem darin liegt, dass es eine auswählende Liebe ist. Sie entwickelt sich zu einer Paarbeziehung. Das Jawort vor dem Traualtar verleiht dieser Paarbeziehung Endgültigkeit. Das »Ja« bestätigt vor Gott und den Menschen die ausgewählte Person tatsächlich als die einzige, der diese exklusive Liebe zukommt. So schließt dieses Ja zu einer Person zugleich das Nein zu allen anderen ein. Wer bei der Eheschließung »du« sagt, sagt damit auch »nur du«. Hier zeigt sich, dass wir Menschen als Personen unteilbar sind. Wir können uns einer anderen Person nur ganz und ungeteilt schenken oder gar nicht. Sich hingeben heißt eben, das eigene Ich, das nur eines ist, zu verschenken und im Gegenzug das Ich der Braut/des Bräutigams ebenso ganz und ungeteilt anzunehmen.

Hier gibt es übrigens einige Parallelen zum Zölibat (= Ehelosigkeit) des Priesters. Auch dabei geht es um die Hingabe der ganzen Person, ungeteilt an Gott und zugunsten der Menschen. Auch hier bedeutet das Ja zu Gott den Verzicht auf viele andere denkbare menschliche Bindungen. Auch hier ist das unbedingte Ja verbunden mit dem Verzicht auf alle anderen denkbaren Jas.

Heiraten heißt sagen: Für immer

»Die Liebe hört niemals auf«, heißt es im »Hohelied der Liebe« aus dem 13. Kapitel des Ersten Korintherbriefes des hl. Paulus. Auch diesen Text mögen viele Paare, die ans Heiraten denken:

Die Liebe ist langmütig;
die Liebe ist gütig und ohne Eifersucht.
Sie prahlt nicht und bläht sich nicht auf;
sie handelt nicht taktlos und ist nicht auf ihren Vorteil bedacht;
sie läßt sich nicht erzürnen und trägt das Böse nicht nach, sie findet keine Freude am Unrecht, vielmehr freut sie sich an der Wahrheit.
Sie erträgt alles, sie glaubt alles, sie hofft alles, sie duldet alles.
Die Liebe hört niemals auf!

1 Kor 13,4–8

So ist die Liebe, wenn sie Liebe ist: Sie möchte nie aufhören. Liebe ist auf Ewigkeit angelegt. Es gibt zwar mittlerweile sogar »Wissenschaftler«, die vorschlagen, man möge doch die lebenslange, monogame Ehe durch eine Abfolge von Zeitverträgen mit wechselnden Partner ersetzen. Der Mann, der solch gelehrten Unsinn vorträgt, hat niemals tiefer über Liebe nachgedacht. Niemand kann ernsthaft sagen: »Ich liebe dich, allerdings nur bis zu diesem und jenem Termin!« Liebe ist ja ein Geschenk ohne »Verfallsdatum«. Das Wesen des Geschenkes ist seine Unwiderruflichkeit. Man schenkt nicht einmal ein Auto, indem man sagt: »Aber wenn du dich nicht benimmst, fordere ich es zurück!« Und da soll man sich selbst hingeben und sagen: »Möglicherweise möchte ich mich aber wieder zurückhaben!« Wer schenkt, kann es nie auf Zeit tun, sonst wäre es nur ein Leihen. »Geschenkt ist geschenkt, wiederholen ist gestohlen«, bringt man den kleinen Kindern bei. Soll das »Ja« am Traualtar tatsächlich jenes Sich-Schenken zum Ausdruck bringen, dann muss es unwiderruflich sein

Das unterscheidet übrigens die Liebe von vielen anderen schönen und guten menschlichen Tätigkeiten. Wer sich auf einen erlebnisreichen Urlaub freut, wird ihn genießen, auch wenn er weiß, dass er nicht ein Leben lang fortdauert. Bei der Liebe ist dies nicht so. Ja, es ist geradezu ein Kennzeichen echter Liebe, dass man ihrer nie überdrüssig wird. Für uns gläubige Christen ist diese Eigenart der Liebe ein Widerhall der Wirklichkeit Gottes. Denn Gott ist ewig, und der Apostel Johannes sagt von ihm: »Gott ist die Liebe« (1 Joh 4,16). Wenn wir Menschen also zur Liebe fähig sind und zugleich wünschen, dass diese Liebe nie aufhört, dann zeigt sich darin, dass wir Abbild und Ebenbild Gottes sind, dass wir teilhaben an seiner ewigen Liebe.

Liebe will nie aufhören. Wir haben bereits mehrfach in den Blick genommen, dass Liebe häufig mit Sympathie beginnt, über Wohlwollen schließlich in ihrer Höchstform zur Hingabe führt, zum Sich-Verschenken. Das ist die Bedeutung des kleinen Wörtchens »Ja« vor dem Traualtar. Es gibt kein »Ja auf Probe«. Das »Ja«, das ein gegenseitiges Schenken und Annehmen beinhaltet, will sagen: »Ich vertraue mich selbst, mein Leben, wie immer es sich entwickeln mag, meine Zukunft, wie immer sie aussehen mag, dir an. Ohne diese Vorbehaltlosigkeit, ohne dieses »für immer« wäre das »Ja« am Traualtar eine Mogelpackung. Noch einmal: Liebe verlangt nach Ewigkeit, und die Brautleute beantworten dieses Verlangen der Liebe vor dem Altar mit ihrem »Ja«.

Manche fragen nun, warum dieses gegenseitige Schenken den »Akt der Eheschließung« braucht. Können Mann und Frau es nicht einfach praktizieren, ohne dass es in feierlicher und öffentlicher Weise ausgesprochen wird? Auch die Antwort auf diese Frage hängt mit der leibseelischen Verfassung der menschlichen Person zusammen. Gedanken verlangen danach, »verleiblicht« zu werden. Wenn Gemeintes, Gedachtes nicht leiblich artikuliert und dokumentiert wird, dann bleibt es vage, unverbindlich, revidierbar. Wenn ich z. B. ein Bild anschaue, das mir nicht gefällt, und ich daraufhin anderen sage: »Dieses Bild ist hässlich«, dann »verlasse ich die Deckung«, dann nehme ich eine klare Position ein, die auch für andere greifbar ist. Das wäre nicht der Fall, wenn ich meine Gedanken für mich behielte. So setzt auch erst das öffentlich und also vor vielen Zeugen ausgesprochene »Ja« der Brautleute eine neue Realität. Man sieht: Die Gäste einer Trauung sind nicht bloß Staffage. Sie helfen ein bisschen mit, dass aus einer Zweiervereinbarung eine große, universell geltende Sache wird. Aus unverbindlichen Gedanken wird eine klare Position. Jedes Geschenk wird erst dann zum Geschenk, wenn es tatsächlich übergeben ist. Alle sollen es sehen: Ich gehöre nicht mehr mir – und du gehörst nicht mehr dir! »Darum verlässt der Mann Vater und Mutter und bindet sich an seine Frau und sie werden ein Fleisch« (Gen 2,24). Das ist jetzt offiziell, gestempelt und besiegelt! Soll einer kommen und sagen, es sei nicht so gemeint gewesen! In wichtigen Dingen verlangt auch das staatliche Recht einen formalisierten Akt, manchmal unter Zeugen oder sogar behördlich dokumentiert; das gilt nicht nur für die Zivilehe (beim Standesamt unter Hinzuziehung von Trauzeugen zu schließen), sondern auch für ein Testament (ganz handschriftlich niederzulegen oder vom Notar zu protokollieren) und für etwas Profanes wie eine Grundstücksübertragung (vom Notar zu beurkunden). Das Jawort vor dem Altar ist der Augenblick, an dem Mann und Frau sich selbst gegenseitig als Geschenk überantworten – wie viel mehr als alle anderen verbindlichen Akte bedeutet das!

Heiraten heißt sagen: Mit Leib und Seele

Wenn in amerikanischen Filmen eine Hochzeit gezeigt wird, so ist es obligatorisch, dass die Neuvermählten einander vor dem Altar küssen. Weil die Leute häufiger Filmtrauungen als echte sehen, trauen sich's manche Paare auch in unseren Kirchen. Ich hätte nichts dagegen einzuwenden, wenn es nicht gerade ausartet. Es zeigt doch nur, dass Leib und Seele zusammengehören. Das soeben feierlich bekundete »Ja« verlangt nach einem sichtbaren Zeichen. Wir haben bereits über die Gesten der Liebe gesprochen, die intensiver werden, je intensiver die Liebe zwischen Mann und Frau sich entwickelt. Mit dem offen und feierlich bekundeten »Ja« in der Vermählung gewinnt diese Liebe ein neues Niveau, das Niveau der Hingabe, die höchste Form der Liebe. Dieser Höchstform der Liebe, die sich die Brautleute unwiderruflich versprochen haben, entspricht in der »Sprache des Leibes« die leibliche Hingabe, die eheliche Vereinigung. Ein gutes Wort haben wir nicht dafür. »Liebe machen«? Geht nicht, Liebe kann man nicht machen. »Miteinander schlafen«? Das passiert ja wohl gerade nicht. »Sex miteinander haben«? Auch komisch. Der Gossenjargon verbietet sich unter kultivierten Menschen ohnehin. Vielleicht sollen wir kein besonders direktes Wort dafür haben, weil die zärtliche Vereinigung von Mann und Frau ein Geheimnis bleiben sollte – gerade in Zeiten, in denen das Intimste das Meistgefilmte und als Pornographie Verhökerte ist.

Die Heilige Schrift nennt die eheliche Vereinigung von Mann und Frau »erkennen«: »Adam erkannte Eva, seine Frau; sie wurde schwanger und gebar Kain« (Gen 4,1). Wer jemanden oder etwas erkennt, der weiß um dessen Identität und weiß, um was oder wen es sich handelt. Erkenntnis bleibt nicht an der Oberfläche, sondern dringt in das Wesen einer Sache oder Person ein. Wenn ich mich einer anderen Person zu erkennen gebe, dann lasse ich in gewissem Maße zu, dass sie an meiner Person teilnimmt. Das ist ein Akt des Vertrauens, es bedeutet die Öffnung des Herzens. Vollkommene Erkenntnis bedeutet, das »Innerste« (lateinisch: intimus = Innerstes) einer Person oder Sache zu erfassen. So drückt der biblische Begriff »erkennen« für die eheliche Vereinigung in der Sprache des Leibes uneingeschränktes Vertrauen aus: gegenseitiges Sich-Ausliefern, die Bereitschaft, einander Anteil zu geben am Intimsten, am Innersten dessen, was ihn oder sie bewegt. Die eheliche Vereinigung ist leiblicher Ausdruck des gegenseitigen Sich-Schenkens und Sich-Annehmens, das sich die Ehepaare am Traualtar versprochen haben. Und sie ist nicht nur ein möglicher, beliebiger Ausdruck dieses Jawortes, sondern ein notwendiger. Oft schmunzelten Brautpaare, als ich ihnen das netteste Gebot der katholischen Kirche nahebrachte: »Wer heiratet, *muss* miteinander schlafen!«. Die meisten dachten wohl: Jetzt übertreibt er aber. Dabei hat das seinen guten Sinn. Leib und Seele gehören halt zusammen. Die Kirche hält es für unerlässlich, dass ein Paar sich das »Ja« in der Sprache der Worte und in der Sprache der Körper sagt – ganzheitlich eben!

Im Kirchenrecht der katholischen Kirche wird die eheliche Vereinigung (auch nicht besonders schön) als »Vollzug« der Ehe bezeichnet. Die am Altar geschlossene Ehe bedarf notwendig des Vollzuges. Einfach gesagt: Das Sakrament ist noch nicht fertig, wenn die beiden unter Orgeljubel aus der Kirche ziehen. Es vollendet sich, wenn die beiden miteinander schlafen und das »Ja« damit allseitig geworden ist. Die Notwendigkeit einer sexuellen Vereinigung für das Zustandekommen einer Ehe hält die Kirche für so wichtig, dass sie sogar sagt: Ein Mann, der dazu nicht fähig wäre, kann nach katholischer Ehelehre keine Ehe eingehen. Wohl kann er in Liebe einer Frau verbunden sein, treu zu ihr stehen und ein Leben in echter Liebe mit ihr führen. Eine »Ehe« aber ist das nicht. Die leibliche Dimension ist nicht nur irgendeine Zugabe, auf die man verzichten könnte; sie gehört notwendig zur ehelichen Liebe dazu. Von daher verrät es ziemliches Unwissen, wenn man der katholischen Kirche im Hinblick auf ihre Ehe- und Sexualmoral Leibfeindlichkeit vorwirft. Das Gegenteil ist der Fall.

Wer ganzheitlich denkt, versteht sofort, warum die katholische Kirche sagt: Die geschlechtliche Vereinigung gehört ausschließlich in den Raum der Ehe. Das ist so – da staunen manche – nicht wegen dem sechsten Gebot, sondern wegen dem achten Gebot, das die Lüge verbietet. Menschen, die »nur« Sex miteinander haben möchten, vereinigen sich zu einer körpersprachlichen Lüge: Sie benutzen das Zeichen des Sich-Verschenkens, um den anderen für seinen Lustgewinn zu gebrauchen. Eine Zigarette noch – und man macht sich aus dem Staub. Mit den Alltagsproblemen des anderen möchte man gerade *nichts* zu schaffen haben. Sorgen und Freuden möchte man *nicht* miteinander teilen. Es handelt sich um eine Befriedigungsgemeinschaft in garantiert liebefreier Zone. Wehe, einer der beiden fängt an, etwas mit dem Herzen für den anderen zu empfinden! Dann wird es kompliziert. Wehe auch, es passiert »trotzdem« ein Kind. Dann wird es nicht nur kompliziert, sondern oft genug auch tödlich – für das Kind. An der leiblichen Lüge ändert sich nichts, wenn sich Mann und Frau (geistig) auf die Lüge einigen.

Bis vor wenigen Jahrzehnten war dieser Zusammenhang eine gesellschaftlich allgemein anerkannte Selbstverständlichkeit. Einem unverheirateten Paar ein gemeinsames Hotelzimmer zu geben war als Kuppelei gesetzlich verboten. Zwischenzeitlich ist das Miteinander-Schlafen außerhalb der Ehe zu akzeptierter Normalität geworden. Die damit propagierte »Freiheit« führte jedoch zur Entwürdigung der Sexualität. Die besondere Bedeutung des Leibes für die Liebe wurde vergessen. Nur was wir als besonders wertvoll und erhaben schätzen, behandeln wir auch mit besonderer Vorsicht, mit Hochachtung und Respekt. Was mit sexueller Befreiung begonnen hatte, endete in der Banalisierung der Sexualität. So verloren dann viele – auch gutwillige – Zeitgenossen eine klare Sicht und vermögen die Trennung von Sexualität und Liebe nicht mehr als leibliche Lüge wahrzunehmen. Hier kann nur eine neue Wertschätzung des Leibes mit all seinen Kräften zu neuer Einsicht führen.

Auch bei Paaren, die sich (noch) nicht zur Ehe entschlossen haben und miteinander schlafen, gibt es diesen Bruch: Der Leib signalisiert vollkommene Hingabe, die in der Realität (noch) dahinsteht. Leiblich Ausgedrücktes und geistig Gemeintes widersprechen einander. Man sagt sich etwas Absolutes, ganz Großes, weiß aber nicht, ob man Wort halten möchte/kann/soll. Die Kirche lädt alle unverheirateten Paare ein, an die Liebe zu glauben und im Vertrauen auf die Hilfe Gottes den Schritt zu lebenslanger

Verbindlichkeit im Sakrament der Ehe zu suchen. So sagt Papst Benedikt XVI.: »Heute ist es besonders dringlich, zu vermeiden, dass die Ehe mit anderen Verbindungsformen verwechselt wird, die auf einer schwachen Liebe gründen. Nur der Fels der totalen und unwiderruflichen Liebe zwischen Mann und Frau ist imstande, die Grundlage für den Aufbau einer Gesellschaft zu sein, die für alle Menschen ein Zuhause wird.« (Ansprache beim Kongress des Päpstlichen Instituts »Johannes Paul II.« für Studien über Ehe und Familie, 11. 5. 2006).

Heiraten heißt offen sein für das Leben

Wie ein roter Faden durchzieht unsere Überlegungen die Tatsache, dass der Mensch eine Person mit Leib und Seele ist, die nur dann authentisch lebt und handelt, wenn sie als leib-seelische Einheit lebt und handelt. Die leibliche Dimension der Liebe zwischen Mann und Frau erhält ihr besonderes Gepräge nicht zuletzt durch die Sexualität, und diese wiederum ist untrennbar mit der Fruchtbarkeit verbunden. Die Sexualität erschöpft sich nicht als »Material« für die spezifische Liebe zwischen Mann und Frau, sondern zielt auf Fruchtbarkeit, auf die Weitergabe des Lebens. Hätten unsere Eltern dieser Tatsache nicht Rechnung getragen, so würden wir jetzt nicht leben.

Mit den Augen eines gläubigen Christen betrachtet, zeigt sich hier wiederum die besondere Würde des Menschen, der Ebenbild Gottes ist. Gottes Liebe ist schöpferisch. Aus Liebe hat er die Welt erschaffen und in ihr den Menschen, um ihm seine Liebe zu zeigen. Liebe drängt darauf, sich zu verschenken, neu zu schaffen, aufzubauen. Wer etwas über die Liebe lernen will, muss auf Gott schauen: Gott, der im tiefsten Inneren Gemeinschaft, Austausch, Gespräch, Liebe ist, hätte in seiner Seligkeit für sich bleiben können. Aber Gott ist nicht eine Zweiheit, die sich im Anschauen selbst genügt. In Gott ist so viel Liebe, dass sie im Dritten, dem Heiligen Geist, überfließt und fruchtbar wird. Die Liebe muss geradezu schöpferisch werden. Ein Mann und eine Frau, die nur sich anschauen und sich haben und darüber die Welt, die anderen und alles vergessen, lieben nicht wirklich. Die Liebe muss fruchtbar werden – im Kind und auch sonst. Wenn Liebende keine besseren, gütigeren, hilfsbereiteren, offeneren, fruchtbareren, schöpferischeren Menschen sind, dann haben sie nichts vom Wesen des göttlichen Geschenkes verstanden.

Schöpferisches Tun im strengen Sinne ist Gott vorbehalten. Er allein kann aus dem Nichts etwas machen (wir Menschen können mit unserer »schöpferischen« Fantasie nur aus etwas ... *etwas* Anderes, etwas Schöneres, Besseres machen, aber niemals aus nichts etwas). An seiner ureigenen Schöpferkraft gibt Gott den Menschen Anteil. So macht er auch die Ehepaare zu Mitarbeitern der Schöpfung. Durch ihr Zusammenwirken mit dem Willen Gottes kann ein neuer Mensch entstehen, ein einmaliges, unverwechselbares Wesen

mit unverlierbarer Würde, das es vorher noch nicht gab und nachher nicht noch einmal geben wird. Liebe zwischen Mann und Frau gewinnt schöpferische Qualität.

»Nein« zu dieser schöpferischen Dimension der ehelichen Liebe zu sagen würde bedeuten, »nein« zu sagen zu einer wesentlichen Dimension der Liebe, der Erfüllung der Sexualität, des Schöpferwillens Gottes. Vor diesem Hintergrund lehrt die katholische Kirche, dass, wer prinzipiell »nein« zur Nachkommenschaft sagt, damit gleichzeitig »nein« zur Ehe sagt. Und wer mit diesem »Nein« die Ehe schließt, tut dies nicht wirksam. Eine Ehe, in der einer der beiden Partner mit einem solchem Vorbehalt gegen die Fruchtbarkeit zum Traualtar geht, ist ungültig.

Heiraten heißt sagen: Ich bin dir treu

Geht das? Das hier gezeichnete Bild der ehelichen Liebe ist anspruchsvoll. Ist es aber vielleicht *zu* anspruchsvoll? Eine wunderschöne Utopie, ein unerreichbares Ziel, über das man nur dozieren kann? Längst ist es doch gesellschaftlich akzeptiert, dass das »Miteinander-Schlafen« außerhalb der Ehe genauso legitim ist wie innerhalb. Angesichts der Tatsache, dass mehr als ein Drittel aller Ehen in Deutschland zerbricht, erscheint auch die Treue oft als ein leeres Versprechen.

Dem kann man allerdings entgegenhalten: Der Umkehrschluss lautet, dass fast zwei Drittel der Ehen standhalten – in Höhen und Tiefen, in guten und bösen Tagen. Treue ist also, das zeigt die Statistik, doch kein »leerer Wahn«. Und außerdem: Es gibt zwar kaum einen Menschen, der nicht irgendwann einmal in seinem Leben gelogen hat. Dennoch sind sich alle einig, dass Wahrhaftigkeit kein utopisches Lebensziel ist, sondern notwendiger Baustein eines gelingenden Lebens und einer gesunden Gemeinschaft. Die Tatsache, dass nicht alle das versprochene Ziel erreichen, macht also das Ziel nicht zur Illusion. Vielmehr wirft sie die Frage auf: Was hilft denen, die auf dieses Ziel hin unterwegs sind, es zu erreichen? An dieser Stelle müssen wir unsere Gedanken weiterführen. Wir dürfen nicht bei der Verkündigung und Begründung der Prinzipien – Unauflöslichkeit, Treue und Offenheit für Nachkommenschaft – stehen bleiben. Wir müssen auch sagen, *wie* sie gelebt werden können.

Tatsächlich: Auf sich allein gestellt, können die Ehepaare nicht das halten, was sie versprechen. Gottes Eingreifen, seine helfende Kraft und Gnade, müssen hinzukommen. Dies führt uns zu einer Dimension der Ehe, die wir bisher nicht eigens bedacht haben: *Die Ehe ist ein Sakrament.*

Die Ehe ist ein Sakrament

Die katholische Kirche glaubt und lehrt, dass Jesus Christus, der Mensch gewordene Gottessohn, nach seiner Auferstehung und Heimkehr zum Vater die Welt nicht einfach alleingelassen hat. Er hat seinen Jüngern versprochen: »Seid gewiss: Ich bin bei euch alle Tage bis zum Ende der Welt« (Mt 28,20). Wesentlich löst Jesus Christus dieses Versprechen ein in den Sakramenten. »Die Sakramente sind sinnlich wahrnehmbare, wirksame Zeichen der Gnade, die von Christus eingesetzt und der Kirche anvertraut sind und durch die uns das göttliche Leben gespendet wird«, sagt das Kompendium des Katechismus der katholischen Kirche (Nr. 224). Wie Jesus Christus als sichtbarer Mensch durch seine Worte und Taten das Heil gebracht hat, so wählt er weiterhin bis zu seiner Wiederkunft sichtbare Zeichen, Taten und Worte als Weg, um sein Heilswerk fortzusetzen.

So wird durch das sichtbare Gießen des Wassers über eine Person, verbunden mit den Worten: »N., ich taufe dich im Namen des Vaters und des Sohnes und des Heiligen Geistes«, die Taufe gespendet. Und diese hat die bleibende Wirkung, dass der Getaufte zum Kind Gottes und Glied seiner Kirche geworden ist. Hier wird nicht nur etwas erklärt, hier geschieht tatsächlich etwas. So ist es mit allen sieben Sakramenten (mit der Taufe, der Firmung, der Eucharistie, dem Bußsakrament, der Krankensalbung, dem Weihesakrament und eben auch dem Ehesakrament). Auch in der Ehe schenkt Christus den Ehepaaren etwas, das ohne dieses Sakrament nicht da wäre. In der Ehe werden Braut und Bräutigam nicht nur zu Mann und Frau »erklärt«, sondern bleibend miteinander verbunden.

Das Sakrament macht fähig zur Liebe

Wir haben in unseren Überlegungen zur Liebe zwischen Mann und Frau bis zur Hingabe bereits in den Blick genommen, dass der mit der Ehe verbundene Anspruch sehr hoch ist. Zumal eine entscheidende Folge der Erbsünde unsere innere Zerrissenheit ist, die einen Graben zwischen Wollen und Können aufreißt. Auch Paulus war diese Erfahrung nicht fremd. Er schreibt: »Das Wollen ist bei mir vorhanden, aber ich vermag das Gute nicht zu verwirklichen. Denn ich tue nicht das Gute, das ich will, sondern das Böse, das ich nicht will« (Röm 7,18). Die Erlösung durch Jesus Christus bedeutet gerade die Überbrückung dieses Grabens. Christus ist gekommen, um uns unsere Liebesfähigkeit wieder zu schenken. »Ein neues Gebot gebe ich euch: Liebt einander! Wie ich euch geliebt habe, so sollt auch ihr einander lieben« (Joh 13,34). Wir haben bereits gesehen, dass die spezifische Form der Liebe, die Christus uns geschenkt hat, die Hingabe ist. Das »neue Gebot«, von dem er spricht, ist, einander jene Hingabe zu schenken, die er uns geschenkt hat. So ist der Anspruch Jesu an die Ehe zu verstehen. Einmal fragen die Pharisäer Jesus, ob der Mann seine Frau »aus jedem beliebigen Grund aus der Ehe entlassen« kann. Hintergrund dieser Frage ist die auf das Gesetz Mose zurückgehende Praxis, nach der aus bestimmten Gründen eine Frau aus der Ehe entlassen werden konnte. Die Antwort Jesu ist eindeutig: »Habt ihr nicht gelesen, dass der Schöpfer die Menschen am Anfang als Mann und Frau geschaffen hat und dass er gesagt hat: Darum wird der Mann Vater und Mutter verlassen und sich an seine Frau binden und die Zwei werden ein Fleisch sein? Sie sind also nicht mehr zwei, sondern eins. Was aber Gott verbunden hat, das darf der Mensch nicht trennen.« Und mit Blick auf die geschilderte Praxis betont er: »Nur weil ihr so hartherzig seid, hat Mose euch erlaubt, eure Frauen aus der Ehe zu entlassen. Am Anfang war das nicht so« (Mt 19,3–8). Der uneingeschränkten Liebesfähigkeit des Anfangs steht die »Hartherzigkeit« infolge des Sündenfalls gegenüber, die eingeschränkte, bisweilen gar zerstörte Liebesfähigkeit. Jesus Christus ist gekommen, um diese Hartherzigkeit zu nehmen, die Liebesfähigkeit des Menschen wiederherzustellen. Das »neue Gebot«, von dem Jesus bei seinen Abschiedsreden spricht (vgl. Joh 13,34), findet auch hier seinen Niederschlag. Die Möglichkeit einer Scheidungsurkunde lässt Jesus daher nicht mehr zu: »Ich sage euch: Wer seine Frau entlässt, obwohl kein Fall von Unzucht vorliegt, und eine andere heiratet, der begeht Ehebruch« (Mt 19,9). Die in diesem Wort Jesu enthaltene »Unzuchtsklausel« wurde übrigens nie im Sinne einer Ausnahme vom Scheidungsverbot verstanden: »Unzucht«, womit wohl außereheliche geschlechtliche Beziehungen gemeint sind, kann und soll beendet werden. Halten wir also fest: »Liebe kann ›geboten‹ werden, weil sie zuerst geschenkt wird« (Deus caritas est).

Durch das Sakrament der Ehe wird den Ehepaaren jene Fähigkeit zur Liebe geschenkt, die durch unseren Erlöser Jesus Christus in die Welt gekommen ist. Christen erfahren in ihrem Glauben, dass das keine leeren Worte sind. Von vielen Ehepaaren habe ich gehört, wie tief sie davon leben, dass Christus den Weg der Liebe bis zum Ende gegangen ist. Sie verbinden sich mit ihrem Herrn im Gebet, suchen Neuanfänge im Bußsakrament, vereinigen sich mit der Liebe Christi in der Eucharistie; vor allem aber leben sie davon, dass ihre schwachen Anstrengungen der Liebe und Treue gestärkt werden von der starken Liebe und unbedingten Treue Christi. Mit der Gnade Gottes kann ein Ehepaar das mit seinem Ja-Wort verbundene Versprechen der Treue einlösen. Gnade, das heißt: Kraft von oben ist es, was uns in die Lage versetzt, das Gebot »Du sollst nicht die Ehe brechen« zu verwirklichen. Gott verbindet das »Ja« der Ehepaare zueinander mit seinem »Ja« zu diesem Ehebund. So erst erlangt das »Ja« der Ehepaare die nötige Festigkeit. Sakrament der Ehe bedeutet vor diesem Hintergrund: Das »Ja« der Ehepaare zueinander wird zum wirksamen Zeichen für Gottes »Ja« zu diesem Ehepaar. Durch ihr »Ja« tritt Gott als Dritter hinzu und verbindet Frau und Mann bleibend und unaufhebbar miteinander: »Was aber Gott verbunden hat, das darf der Mensch nicht trennen« (Mt 19,6).

Das Sakrament ist Zeichen des Neuen Bundes

Unauflöslichkeit, Treue, Fruchtbarkeit sind nicht nur Kategorien des Ehebundes, sie charakterisieren auch den »Neuen Bund«, den Christus mit seinem Volk, der Kirche geschlossen hat (vgl. Lk 22,20). Die Liebe Gottes, die sich in Jesus Christus endgültig offenbart hat, ist treu, der Neue Bund ewig, unauflöslich. Die Liebe Gottes schafft neues und ewiges Leben, sie drängt nach Fruchtbarkeit.

Ausdrücklich wendet Paulus das Bild von der Ehe auf die Beziehung zwischen Christus und seiner Kirche an. An die Epheser schreibt er: »Ihr Männer, liebt eure Frauen, wie Christus die Kirche geliebt und sich für sie hingegeben hat, um sie im Wasser und durch das Wort rein und heilig zu machen … Wir sind Glieder seines Leibes. Darum wird der Mann Vater und Mutter verlassen und sich an seine Frau binden, und die Zwei werden ein Fleisch sein. Das ist ein tiefes Geheimnis; ich beziehe es auf Christus und die Kirche« (Eph 5,25-26.30-32). Die Ehe wird zum Bild der Liebe Christi zu seiner Kirche, für die er sich unaufhebbar hingegeben hat.

Jede treu gelebte Ehe ist somit Zeichen jener treuen Liebe Christi, durch die er sich bleibend an seine Kirche gebunden hat. Jede zerbrochene Ehe ist allerdings dann auch mehr als nur eine Privatsache von zwei Menschen. Sie verdunkelt das Zeugnis der Kirche für die Treue Gottes, die sich gerade in der treu gelebten Ehe widerspiegelt.

Es gibt keine Religion, in der die Ehe eine so hohe Bedeutung hat wie im Christentum. Hier ist sie nicht nur eine menschliche Beziehung, sondern wird zum Zeichen der Beziehung Gottes zu den Menschen. Sie ist herausgehoben aus allen übrigen menschlichen Beziehungen und hat einen besonderen göttlichen Zeugnischarakter.

Das Sakrament ist eine Berufung zum Schöpferischsein

Das Sakrament der Ehe hat im Gegensatz zu allen anderen Sakramenten eine Wirklichkeit zur Grundlage, die von Beginn der Schöpfung und nicht erst mit dem Kommen Christi an bestand. Die Taufe beispielsweise ist in dem Sinn ein »neues Sakrament«, als sie – vorbereitet durch die Johannestaufe – erst von Christus neu »erfunden« wurde. Hingegen werden schon im Schöpfungsbericht Mann und Frau als füreinander geschaffen geschildert. Die Wirklichkeit der Ehe ist mit der Schöpfung bereits gegeben. Sie erfährt im Neuen Bund, wie dargelegt, eine Erhöhung auf ein neues göttliches Niveau. Aber von Beginn an sind Mann und Frau dazu berufen, sich einander zu schenken und durch ihre Nachkommenschaft an der Schöpfung mitzuwirken.

In unserem Land erleben wir, zu welchen Problemen es führen kann, wenn viele Ehepaare dieses »Ja« zur Nachkommenschaft nicht oder nur in sehr geringem Umfang sprechen. Die Schöpfung lebt vom »Ja« der Ehepaare zur Fruchtbarkeit und zum Leben. Die Ehe hat in der Schöpfungsordnung einen göttlichen Auftrag. Sie erfüllt ihn, indem sie sich mit der Schöpferkraft Gottes verbindet und so dafür Sorge trägt, dass neues Leben entsteht.

Dieser Auftrag bleibt im Neuen Bund erhalten. Doch er erfährt eine Erhöhung, eine neue Dimension. Das Zweite Vatikanische Konzil formuliert es so: »Ohne Hintansetzung der übrigen Eheziele sind deshalb die echte Gestaltung der ehelichen Liebe und die ganze sich daraus ergebende Natur des Familienlebens dahin ausgerichtet, dass die Gatten von sich aus entschlossen und bereit sind zur Mitwirkung mit der Liebe des Schöpfers und Erlösers, der durch sie seine eigene Familie immer mehr vergrößert und bereichert« (Konstitution Gaudium et spes, Nr. 50).

Es gehört zum Auftrag der Ehepaare, dafür Sorge zu tragen, dass die Familie Gottes, die Kirche, sich vergrößert. Durch ihr »Ja« zur Nachkommenschaft tragen die Ehepaare damit nicht unwesentlich dazu bei, dass sich die Kirche weiter entfalten kann und ihren Auftrag erfüllt, das Evangelium zu allen Menschen aller Generationen zu bringen. Das Evangelium wird verbreitet durch das Zeugnis gläubiger Menschen. Wenn Menschen nicht geboren werden, die anderen Zeugnis von der Liebe Gottes geben könnten, wird damit die Ausbreitung des Evangeliums behindert. Auch in dieser Dimension zeigt sich die hohe Berufung der Ehepaare, die weit über ihre eigene, private Lebenswelt hinausreicht.

Die Ehe als Weg zum Glück

Die Überlegungen, die wir angestellt haben, haben mit der Frage begonnen: »Wer bin ich?« Sie führten uns über die Beziehung des Ichs zu anderen. So gelangten wir zur Ehe als einer in vieler Hinsicht einzigartigen Beziehung. Eines der grundlegendsten Motive für alles Handeln des Menschen ist seine Sehnsucht nach Glück, nach Erfüllung. Kann das denn sein – dass Glück ausgerechnet in Hingabe, im Sich-selbst-Verschenken bestehen soll? Wo bleibe *ich* dabei? Komme ich dabei nicht zu kurz? So gut Ehe auch sein mag – bedeutet sie letztlich nicht doch, auf eigenes Glück in der freien Selbstverwirklichung zu verzichten?

Die Antwort des Glaubens, die auf dem Fundament vernünftigen Denkens und natürlicher Erkenntnis aufsetzt, lautet: Wer sich verschenkt, wird glücklich. Wer sich hingibt, findet seine Erfüllung. Und alle, die direkt, also ohne sich zu verschenken, nach Erfüllung suchen, indem sie gierig für sich alles Mögliche haben wollen, finden alles Mögliche, nur nicht das, wonach sie sich sehnen: Glück und Erfüllung.

Die witzige Redewendung »Geld macht zwar nicht glücklich, aber es beruhigt ungemein« ist wahrer, als es so mancher Witzbold wahrhaben will. Und ein Blick in unsere Gesellschaft zeigt uns, dass wir – auch bei allen wirtschaftlichen Schwierigkeiten, die es geben mag – ein Wohlstandsniveau haben, nach dem sich die meisten Menschen dieser Erde sehnen. Aber sind die Menschen bei uns deshalb glücklicher? Wohl kaum!

Wer sich auf den Weg begibt und in kleinen Schritten Liebe lebt, echte wohlwollende Liebe, der spürt sehr schnell, dass er mehr empfängt, als er gibt. Und wer auf diesem Weg ehrlich mit sich zu Rate geht, der weiß auch, dass Unglücklich-Sein wesentlich daher rührt, dass wir uns schwertun, wirklich wohlwollende Liebe zu üben, und dass uns nicht selten der eigene Egoismus wieder einfängt. Je konsequenter ich mich zu verschenken vermag, desto glücklicher werde ich. Es gibt keinen Widerspruch zwischen der Botschaft des Evangeliums und der Sehnsucht des Menschen nach Glück und Selbstverwirklichung.

Die Liebe zu Gott und die Liebe zum Nächsten sind der Weg, sich selbst und damit die Erfüllung zu finden, nach der viele sich vergeblich sehnen.

Wie es mit der Liebe geht

In einem ersten Teil unserer Überlegungen haben wir grundsätzlich über das Thema Freundschaft, Liebe und Beziehung nachgedacht. Dabei haben wir versucht, uns als Personen mit Leib und Seele besser kennenzulernen, haben die verschiedenen Dimensionen des Menschen betrachtet und überlegt, was dies für das Thema Liebe und Freundschaft zu bedeuten hat.

Notwendigerweise sind diese Überlegungen eher grundsätzlicher Natur gewesen, das heißt sehr allgemein und nicht immer konkret (genug). In einem zweiten Teil ist es nun an der Zeit, der Frage nachzugehen: »Was bedeutet das nun praktisch?« Denn jeder Mensch lebt nun einmal als einzelnes Wesen mit einer ganz besonderen, einmaligen Geschichte. Niemand hat präzise die gleichen Charakterzüge wie ein anderer, niemand die gleichen Freundschaften, Erlebnisse und Beziehungen. Es gibt so viele Lebensgeschichten und daher mindestens so viele Wege zu Freundschaft und Glück, wie es Menschen auf der Erde gibt. Und dennoch führen nicht alle Wege zum Ziel. Es gibt Sackgassen und Irrwege, Wege, die in einen zerstörerischen Abgrund führen, aber eben auch Wege, die zum Ziel gelangen.

Während wir im ersten Teil sozusagen die Wegweiser zu diesem Ziel betrachtet haben, soll es nun darum gehen, diesen Weg zu gehen. Dabei gilt es zu bedenken: Was müssen wir auf unserem Weg mitnehmen? Worauf sollten wir achten, wenn wir den Weg gehen? Wo liegen Rasthäuser, in denen wir uns stärken können, wo Stolpersteine, über die wir fallen können, und wie können wir diese überwinden? Begeben wir uns also auf den Weg zu Liebe und Freundschaft, letztlich zu Glück und Erfüllung.

Einen Anfang mit der Liebe machen

Die »Schule« der Liebe

Es ist noch kein Meister vom Himmel gefallen, sagen wir. Und in der Tat: Auch ein Dichter kommt nicht als solcher auf die Welt, sondern muss irgendwann als Kind einmal damit beginnen, das Alphabet zu erlernen. Und ohne das kleine Einmaleins gepaukt zu haben, wird auch kein Physiker zum Nobelpreisträger. So ist es mit allen Bereichen des Lebens, auch mit dem Thema Liebe. Wenn wir auch die Fähigkeit, lieben zu können, von Geburt an in uns tragen (wie auch die Fähigkeit, das Lesen erlernen zu können), so muss diese Anlage doch entwickelt und entfaltet werden. Wer nie gelernt hat, dass es außer dem eigenen Ich auch andere Ichs gibt und dass mein eigenes Ich keineswegs das allein Maßgebliche ist, wer nie gelernt hat, dass ich niemals nur für mich selbst, sondern immer auch mit anderen und für sie lebe, der weiß nicht, was Liebe ist, wenn er das erste Mal verliebt ist. Dann fühlt er sich zwar vom anderen Geschlecht angezogen, aber Liebe bedeutet ja eben mehr: Sie bedeutet den Weg vom Ich zum Du.

Kurzum: Liebe will gelernt sein. Wer als Kind in einer größeren Familie heranwächst, lernt dies in der Regel selbstverständlich. Denn eine größere Familie lässt sich kaum organisieren, ohne dass je nach Alter und Fähigkeit auch die Kinder mit anpacken und füreinander Verantwortung tragen. Wenn fünf am Tisch sitzen, dann ist es selbstverständlich, dass nicht immer *mein* Leibgericht aufgefahren wird.

Grundlage jeder Liebesbeziehung ist das Durchbrechen der Mauer des eigenen Ichs – hin auf ein Du. Es ist wichtig, dies »von der Pike auf« zu erlernen. Eltern tun ihren Kindern daher alles andere als einen Gefallen, wenn sie von Beginn an versuchen, ihnen alle Wünsche von den Augen abzulesen und zu erfüllen. Manch gutgemeinte Zuwendung der Eltern tut nichts anderes, als kleine und später große Egoisten heranzubilden. Die Schule und Vorschule der Liebe beginnt schon im Kindergartenalter. Denn bereits in dieser Phase lernen Kinder, sich einzuordnen in eine Gemeinschaft, etwas für andere zu tun, den eigenen Willen nicht absolut zu setzen. Sie lernen Interesse für andere und das Einschränken der eigenen Interessen, die Sorge um die Schwächeren und Respekt vor allen. All dies sind Elemente einer Schule der Liebe, die gar nicht früh genug beginnen kann. Im Übrigen ist es eine Schule, aus der wir nie entlassen werden. Keiner kann von sich behaupten, dass er alle diese Elemente bis zur Perfektion beherrscht.

In dieser Schule der Liebe sind wir uns gegenseitig Schüler und Lehrer. Zunächst einmal die Eltern für ihre Kinder, dann die älteren für ihre jüngeren Geschwister. Aber auch umgekehrt können die Älteren von den Jüngeren lernen, was Liebe bedeutet. Diese Schule der Liebe setzt sich weiter fort im Freundeskreis, im Bekanntenkreis, am Arbeitsplatz – wo auch immer wir leben und Menschen begegnen. Je weiter wir schon als Kinder und Jugendliche in der Frage der Liebe voranschreiten, desto besser wird es uns gelingen, echte Freundschaften zu finden und sie gut zu leben.

Die beste Pädagogik ist hier die eigene Lebenspraxis. Der beste Lehrer in Sachen Liebe ist der, der Liebe vorlebt. Und er wird nur dann Liebe gut vorleben können, wenn er weiß, dass er in Sachen Liebe auch immer Schüler bleibt. Und an dieser Stelle sollten wir nicht vergessen, wer unser gemeinsamer Lehrer der Liebe ist: Jesus Christus, der Gottessohn. Das Wesen seiner Sendung ist Liebe: »Der Menschensohn ist nicht gekommen, sich bedienen zu lassen, sondern um zu dienen und sein Leben hinzugeben als Lösegeld für viele« (Mk 10,45). Er zeigt uns nicht nur, was Liebe bedeutet, er alleine befähigt uns auch, Liebe zu üben.

»Alles erreicht der Geduldige«

Ungeduld gehört zu den Kennzeichen der Kindheit. Viele Kinder können nicht abwarten, bis das Essen kommt, nicht warten, bis sie älter werden, nicht warten, bis Weihnachten kommt und und und ... Auch wenn aus den Kindern allmählich Jugendliche geworden sind oder sie in der Pubertät nicht so recht wissen, wer sie wirklich sind, dann kann noch lange diese etwas unreife Ungeduld das beherrschende Moment des Lebens sein.

Wer also nach dem Motto verfährt: »Ich will alles, und zwar sofort«, zeigt, dass er (oder sie) doch noch einem infantilen Stadium verhaftet ist. Die Pubertät weckt neue Gefühle, erzeugt eine knisternde Spannung zwischen den Geschlechtern, die aufeinander eine zunehmend stärkere Anziehungskraft ausüben. Diese Spannung sofort aufzulösen in eine Bindung, die viel zu früh die eigene Freiheit eingrenzt, zeugt – bei allem Verständnis – von kindischer Ungeduld. Versuchen wir mit einer gewissen nüchternen Distanz die Lebens- und Gefühlswelt von Jungen und Mädchen, die in die Pubertät gekommen sind, in Augenschein zu nehmen.

In dieser Phase entdecken sie das andere Geschlecht ganz neu: »So etwas gibt es! Hätte ich nie gedacht!« Wissen Jungen vor der Pubertät nicht so recht, was sie mit Mädchen anfangen sollen, so fühlen sie sich nun zum anderen Geschlecht hingezogen und umgekehrt. Mit der Neuentdeckung des anderen Geschlechts entdecken sie auch sich selbst und ihre eigene Geschlechtlichkeit neu. In dieser Phase ändern sich nicht nur die körperlichen Proportionen, das Aussehen und bei Jungen die Stimme, es ändert sich – nicht zuletzt dadurch, dass neue Hormone auf den Plan treten – die gesamte Gedanken- und Gefühlswelt. Die ganze Persönlichkeit ist von dieser Umbruchphase erfasst. Kein Wunder, dass da weder Junge noch Mädchen sich selbst kennen. Die Gefühle fahren Achterbahn. Mal ist man von abgründiger Trauer gepackt. Dann möchte man die Welt umarmen. Dann fühlt man sich von gierigen Triebwünschen gepackt. Und am nächsten Tag möchte man die schmutzige Welt verlassen und Gott als reiner Einsiedler dienen. Wie soll man da wissen, wer man ist und was das Ganze soll? Und wie soll man da wirklich Verständnis für das andere Geschlecht gewinnen?

Vor diesem Hintergrund daher mein Vorschlag an Jungen und Mädchen in der Pubertät: Geduld! Nutzt die Zeit, euch kennenzulernen, euch selbst und das andere Geschlecht. Wie? – ganz einfach. Sucht nicht »auf Teufel komm raus« einen »festen« Freund/eine »feste« Freundin. Sucht nicht das bereits zu leben und zu erleben, was den Abschluss dieser Umbruchphase voraussetzt. Damit würdet ihr nur beweisen, dass ihr noch Kinder seid, denn Kinder wollen ja in ihrer Ungeduld immer das sein, was sie noch nicht sind: erwachsen sein. Oder habt ihr schon mal ein Kind gesehen, das Kind spielt? Kinder spielen immer Erwachsene.

Was aber kann nun helfen, solche Geduld, die ein wirkliches Zeichen von Erwachsenwerden ist, aufzubringen? Dazu zwei Gedanken. Zum einen: Es wäre schade, wenn durch eine allzu feste Fixierung auf das andere Geschlecht gute, gewachsene Freundschaften leiden würden. Ein Tipp für alle, die sich in dieser Lebensphase befinden: Pflegt unbedingt die Freundschaften, die ihr habt. Sucht gemeinsame Interessen und Hobbys, die eure Gedanken nicht auf das »Thema Nummer 1« fixieren. Und es ist auch kein Zeichen von »Coolness«, wenn man sich die allenthalben zu findende Gossensprache zu eigen macht. Auch das wäre nur ein Zeichen von kindischer Unreife und zeugt wenig vom Verständnis dessen, was Sexualität bedeutet. Sex ist viel zu kostbar, als dass man ihn durch Worte in den Dreck zieht. Und außerdem: Solche Gossensprache ist keineswegs etwas Harmloses, nur Äußerliches. Sie enthält Elemente der Gewalt und der Verachtung. Durch eine starke Sprache möchte man zeigen, dass man Liebe »beherrscht« und von oben her darüber herziehen kann, als wäre es der letzte Dreck. Starke sexuelle Sprache ist aber gerade kein Zeichen für Stärke – im Gegenteil sie ist ein Zeichen der Schwäche und Unerfahrenheit. Wer sich eine solche Sprache angewöhnt hat, fängt an, in dieser Sprache zu denken. Und das ist alles andere als eine gute Voraussetzung für Liebe und Freundschaft.

Und ein weiterer Tipp: Wenn ein Junge und ein Mädchen einander sympathisch sind, ist es nicht gut, sich abzukapseln und nur noch zu zweit durch die Lande zu ziehen. Es spricht ja nichts dagegen, dass Junge und Mädchen etwas zusammen unternehmen. Aber warum nicht in einer größeren Gruppe? Das hält die Gedanken offen und hilft, normalen Umgang miteinander zu pflegen, sich selbst und die anderen besser zu verstehen.

Und eine Unart sollte man sich erst gar nicht angewöhnen: das Aussehen eines Menschen über alles andere zu stellen und so Menschen nur nach ihrem Äußeren zu bewerten. Das kann im Einzelfall zu ernsten Problem führen. Beispiel: Magersucht. Die darunter leiden, empfinden sich als zu korpulent und meinen, sie kämen mit ihrem Aussehen nicht an. Das geht so weit, dass sie sich vor sich selbst ekeln und nichts mehr essen können. Solche Magersucht kann tödlich sein. Die Ursache dafür: das Gefühl, aufgrund des Aussehens oder der körperlichen Gestalt nicht angenommen zu werden. Machen wir uns bewusst, dass leichtfertige Äußerungen über das Aussehen anderer Personen tiefe und bleibende Verletzungen zur Folge haben können.

»Alles erreicht der Geduldige«. In diesem Wort der großen heiligen Teresa von Ávila steckt viel Weisheit. Es wäre schade, sich durch kindische Ungeduld am Erwachsenwerden zu hindern, am Reifwerden, nicht zuletzt auch für die Liebe zu einer Person des anderen Geschlechts. Daher mein Rat an die Heranwachsenden: Es hängt von euch selbst ab, wie schnell ihr reif werdet. Euer Verhalten gegenüber den Mitmenschen beruht nicht auf Instinkt, sondern in erster Linie auf eurem freien Willen, der in der Lage ist, sich selbst, seine Gefühle und Regungen zu lenken. Wer es damit ernst nimmt, kommt zum Ziel. Alles erreicht eben der Geduldige.

Gegen Liebe ist kein Kraut gewachsen. Was ist also, wenn ein Junge oder ein Mädchen sich Hals über Kopf verliebt, »verknallt« ist in ein Mädchen oder einen Jungen? Bedeutet die empfohlene Zurückhaltung Liebesverbot? Selbstverständlich nicht. Doch sollte dieses »Verknallt-Sein«, das ja vor allen Dingen die Gefühlswelt heftig durcheinanderbringt, nicht zum Abschalten des Denkens führen. Also auch hier gilt: Geduld! Zunächst einmal sollte eines tabu sein: Wenn beispielsweise ein Junge merkt, dass ein Mädchen sich in ihn »verguckt« hat, so stärkt das zunächst einmal sein Selbstwertgefühl. Vielleicht kommt er sich auch als Held vor. Wenn er nun nicht die gleichen Gefühle für dieses Mädchen in sich empfindet, sollte er dies auch signalisieren und nicht mit den Gefühlen des Mädchens spielen. Mit den Gefühlen eines anderen zu spielen ist gemein. Und früher oder später fliegt solche Gemeinheit auf. Wer einmal für solche Gemeinheiten

bekannt ist, ist kaum mehr ein attraktiver Kandidat für eine feste Freundschaft.

Gehen wir also einmal von dem glücklichen Fall aus, dass die Gefühle auf Gegenseitigkeit beruhen. Selbstverständlich spricht nichts dagegen, eine feste Freundschaft anzugehen. Jedoch sollte diese Freundschaft auf realistischen Füßen stehen. Die Beteiligten sollten sich bewusst sein, dass eine solche erste Freundschaft in aller Regel nicht für die Ewigkeit bestimmt ist. Und selbst in den Fällen, in denen eine erste Freundschaft ein Leben lang hält und zur Ehe führt, kristallisiert sich erst viel später heraus, dass es sich tatsächlich um die »große Liebe« handelt. Es gehört zum gegenseitigen Respekt, dass man sich die Möglichkeit der Trennung vorbehält. Schon nach kurzer Zeit des »miteinander Gehens« sich wie Ehepaare zu verhalten ist daher ebenfalls ein Ausdruck von Unreife, von mangelndem Realitätssinn, nicht zuletzt von mangelndem Respekt vor der Persönlichkeit des anderen. Das meine ich nicht nur in Bezug auf die Sexualität. Es wäre für alle Beteiligten mehr als schade, würden sie ihre bisherigen Freundschaften und Kontakte abbrechen oder so einschränken, dass sie schließlich zerbrechen. Bei allem Verständnis, dass das »Pärchen« auch mal gerne allein sein möchte, ist es doch auch wichtig, Unternehmungen und Freizeit im größeren Freundeskreis zu verbringen. Und außerdem tut es gut, doch immer wieder ein wenig Distanz zueinander zu finden.

Ein Vergleich kann dies vielleicht deutlich machen. Wenn ich mir ein schönes Gemälde von nahem anschaue, vermag ich viele Details zu entdecken, die Linienführung des Malers, seine Farbgebung und vieles mehr. Doch um das Gesamtkunstwerk wirklich schätzen zu können, muss ich ein paar Schritte zurückgehen und den Gesamteindruck auf mich wirken lassen. Ganz ähnlich ist es bei Menschen, die ineinander verliebt sind. »Liebe macht blind«, sagt man. Das stimmt insoweit, als die Gefühlswelt die Gedanken überlagern kann. Vielleicht würde der nüchterne Verstand schon bald zu der Erkenntnis kommen: Sie oder er ist doch nicht die oder der Richtige. Doch hormonell verstärkte Emotionen können diese Gedanken zum Schweigen bringen. Und je länger dies geschieht, desto schwieriger wird eine im Letzten doch unvermeidliche Trennung.

Damit also Liebe nicht blind macht, sondern im Gegenteil sehend, ist es gut, immer wieder auch Abstand zueinander zu gewinnen. Abstand bringt die Dinge näher. Abstand zu halten hilft, einen kühlen Kopf zu behalten. Und außerdem ist dieser gelegentliche Abstand so etwas wie ein Barometer der Liebe. Je mehr sich beide gegenseitig vermissen, desto größer ist die Liebe. Und im Gegenzug: Wenn sie einander nicht vermissen, dann ist es auch mit der vielbeschworenen Liebe nicht weit her.

Steine auf dem Weg der Liebe

Der Egoismus und seine Wurzeln

Wenn wir ehrlich zu uns selbst sind – und das ist manchmal gar nicht so einfach –, dann werden wir feststellen, dass wir nicht nur eine Neigung zu Liebe und Güte haben, zu Freundschaft und Hingabe, sondern auch ganz schön auf uns selbst fixiert sind. Da ist die Versuchung groß, nach dem Motto zu leben »Erst mal muss ich mein Ding durchziehen! Hauptsache, mir geht es gut! Jeder ist sich selbst der Nächste!«. So wichtig und gut es ist, die eigene Person zu schützen, einen eigenen starken Willen zu haben, der meinem Leben Richtung gibt, so sehr wirkt eine überzogene Selbstliebe zerstörerisch auf jede Beziehung, die ein Mensch eingeht. Egoisten sind immer einsame Menschen, auch wenn sie es vordergründig weit bringen.

Woher kommt diese Neigung, ständig um sich selbst zu kreisen, das eigene Ich immer in den Mittelpunkt zu stellen, es so aufzublähen, dass es alles andere erdrückt? Der Glaube der Kirche und die Heilige Schrift berichten uns vom Paradieseszustand, in dem die ersten Menschen lebten. Paradies, das bedeutet ein Leben in vollkommenem Glück, ohne Leid, ohne Böses. Dort gibt es nur Liebe, Güte und Glück. Diesen Zustand haben die Menschen aus eigener Schuld verloren. Die Bibel schildert uns dies so: Gott verbot Adam und Eva, von einem bestimmten Baum, dem Baum der Erkenntnis, Früchte zu nehmen. Alle anderen Früchte durften sie ernten. Der Widersacher Gottes erschien in Gestalt einer Schlange und verführte Adam und Eva, dieses Verbot Gottes zu missachten. Sein

Lockmittel: »Ihr werdet wie Gott« (Gen 3,5). Das ist die große Versuchung des Menschen, mehr sein zu wollen, als er ist, das eigene Ich zu vergrößern. Der Widersacher versuchte den Menschen an seiner schwächsten Stelle. Dieser gab der Versuchung nach und das Ergebnis: das Ende der Paradieseszeit. Wir tragen die Spuren dieser Paradieseszeit noch in uns, unsere Sehnsucht nach Glück, nach Liebe, Freundschaft, nach Leben. Und zugleich tragen wir auch in uns die Zeichen des verlorenen Paradieses, die Neigung zum Egoismus, die Versuchung, uns selbst immer und überall in den Mittelpunkt zu stellen, uns auf Kosten anderer zu entfalten. Dem Wunsch nach Liebe steht der Hang zum Egoismus entgegen. So sind wir oft innerlich zerrissen. Wir wollen unser Herz dem anderen öffnen und verschließen uns doch allzu oft in uns selbst. Dieses In-sich-selbst-verschlossen-Sein, dieses Abschotten von den Mitmenschen und ihren Rechten und insbesondere auch das Sich-Absondern von Gott ist die Wurzel dessen, was wir »Sünde« nennen.

Das Schöne, Hoffnungsvolle und Großartige des christlichen Glaubens: Christus ist in die Welt gekommen, um uns in dieser Zerrissenheit zu heilen, uns wieder neu liebesfähig zu machen. Seit Christus ist Liebe wieder eine reale Möglichkeit. Und viele Menschen zeigen, dass alltägliche Liebe, die Hinwendung zum Du, das Aufbrechen des eigenen Ichs keine Illusion, sondern Realität ist. Erlösung im christlichen Sinne bedeutet eben die wiedergewonnene, geschenkte Freiheit zur Liebe, die Loslösung von der »Knechtschaft« der Sünde, des in In-sich-verschlossen-Seins. Wenn wir auch immer noch gezeichnet sind von diesem Hang zum Egoismus, so haben wir doch die reale Chance zur Liebe. Diese Chance ist auch noch da, wenn wir einmal real verlieren, nämlich enttäuscht, verlassen und verraten werden. Das ist ja gerade die Botschaft Jesu, dass es ihm mit der Liebe genauso erging. Nur wusste er, dass er aus *einer* Liebe niemals herausfallen konnte, der seines Vaters. Und so ist er den Weg der Liebe zu Ende gegangen und hat nicht kurz vor dem Kreuz abgedreht, um nach so viel Nächstenliebe endlich mal sein Ding zu machen.

Warum ist das Wissen um die egoistische Eigendynamik so wichtig? Nun, wer um diese Zusammenhänge weiß, der schätzt sich selbst realistisch ein, der weiß um seine Schwäche und seine Versuchbarkeit. Er weiß, dass wir zwar keine Teufel sind, aber auch nicht immer Engel. Wer darum weiß, der wundert sich nicht, dass auf dem Weg der Liebe und Freundschaft so viele Stolpersteine liegen, die eine Beziehung zerbrechen und scheitern lassen können. Und wer um diese Stolpersteine weiß, der kann sie eben auch umgehen.

Wenn ich also meinen Hang zum Egoismus kenne, dann hege ich ein gesundes Misstrauen gegenüber meinem Wollen und meinen Wünschen. Dann sind nicht alle meine Wünsche selbstlos und gut, dann ist es wichtig, ebendiese Wünsche kritisch unter die Lupe zu nehmen. Selbsterkenntnis ist ja bekanntlich der erste Schritt der Besserung. Und zu dieser Selbsterkenntnis gehört eben auch: Ich habe eine Neigung zur Sünde.

Viel Leidenschaft braucht viel Verstand

Liebe zwischen Mann und Frau ist auf dem reichen Feld erotischer Empfindungen angesiedelt – bis hin zu ausgesprochen sexuellen Wünschen. Sexualität ist zunächst, biologisch und für sich genommen eine Leidenschaft, ein

Trieb, der nach Befriedigung strebt. Wir haben dies bereits im ersten Teil unseres Buches näher betrachtet. Diese Leidenschaft nun hat eine manchmal ganz außerordentliche Macht, die den Verstand beeinflussen, ja sogar zum Schweigen bringen kann. Sosehr die Sexualität Grundlage der Liebe zwischen Mann und Frau ist, so sehr neigt sie auch dazu, sich zu verselbstständigen und uns am Weg der Liebe vorbeizuführen. Dann sagt uns etwas: Das ist nun deine Spielwiese! Hol dir, was du brauchst. Dann baut sich eben keine Beziehung mit Zukunft und Perspektive auf, in der auch das Erotische in den Weg der Liebe integriert ist – das, was da nun immer noch »Liebe« heißt, ist nur das Spielfeld egoistischer Triebabfuhr. Der Mensch aus Leib und Seele ist eine Einheit, und der Hang zum Egoismus auf Verstandesebene spiegelt sich wider im Hang zum Egoismus auf der Ebene des Leibes.

Halten wir ganz offen fest: Sexualität ist Leidenschaft und sucht zunächst Befriedigung und nicht Liebe. Erst wenn die Leidenschaft durch Verstand und Gefühl geformt und geleitet wird, dient sie der Liebe. Für sich genommen reicht der Sexualität die Triebbefriedigung. Und damit haben wir einen weiteren Stolperstein entdeckt. Sexualität als Trieb will Konsum, sucht Befriedigung und will den/die andere(n) als Mittel der eigenen Befriedigung. Wenn die Sexualität das »Sagen« hat, dann wird der/die andere degradiert als Mittel zum Zweck.

In diesem Sinne ist die Sexualität vergleichbar mit einem Feuer. Wenn es in einer Feuerstelle oder in einem Kamin ist, dann kann es Wärme und Licht spenden. Wird es aber außerhalb von Kamin und Feuerstelle einfach so entfacht, so kann es zu einem Flächenbrand kommen. Das Feuer an sich verzehrt alles, was sich ihm in den Weg stellt, ohne Rücksicht auf Verluste. Ungebändigt wirkt es zerstörerisch. Gebändigt hingegen ist es lebensnotwendig. Ganz ähnlich ist es mit der Sexualität. Ungebändigt wirkt sie zerstörerisch, erniedrigt und degradiert sie die Menschen, versklavt sie und macht besessen. Erst wenn sie gebändigt wird, wenn sie durch Verstand und Wille gelenkt wird, in das Ganze der Person eingebunden ist, wird sie heilend, Liebe und Leben spendend.

Daher hat sorgfältiger, behutsamer Umgang mit Sexualität nichts mit Prüderie zu tun oder gar Leibfeindlichkeit, sondern mit einem gesunden Realitätssinn. Nur wer die Wirklichkeit zur Kenntnis nimmt, kann sie gestalten. Das ist eben die große Herausforderung, die auf jeden Menschen wartet. Es geht darum, die Sexualität zu gestalten, dass sie zum Medium der Liebe wird. Ansonsten gestaltet sie mich, engt sie meine Freiheit ein und zerstört sie meine Liebesfähigkeit. Nicht der ist ein großer Liebhaber, der wie ein brünstiger, notgeiler Hengst durch die Gegend läuft und haben muss, was ihm über den Weg läuft. Der ist vielmehr ein großer Liebhaber, der leidenschaftlich empfindet, seine ganzen vitalen Kräfte aber bündelt (und so frei ist, sie bündeln zu *können*) für die eine große Liebe, in die er alles investiert.

Auch hier ist ein gesundes Selbstmisstrauen angesagt. Nicht alles, was mir die Sexualität als Leidenschaft vorspiegelt, ist Liebe. Ja, hinter dem Kleid der Liebe kann sich nichts als ungehemmter Egoismus verbergen.

Starke Ausstrahlung braucht starke Persönlichkeit

Wer auf seine erotische Ausstrahlung Wert legt, kehrt seine sexuellen Reize heraus durch Kleidung oder Aufmachung. Hier ist gut zu wissen, dass Männer anders als Frauen auf sexuelle Reize reagieren. Während Frauen eher auf die Gesamtausstrahlung des Mannes reagieren (wobei dann der Körperbau nur einen Teil des Gesamteindrucks ausmacht), sprechen Männer zunächst auf die anatomischen Details an, auf die physiologische Gestalt der Frau. Dieser nicht unerhebliche Unterschied in der Wahrnehmung findet schließlich auch seinen Unterschied im Wünschen und Begehren von Mann und Frau. So sagt ein amerikanisches Sprichwort: »Männer setzen Liebe ein, um Sex zu bekommen, und Frauen setzen Sex ein, um Liebe zu bekommen« (Christopher West, Theologie des Leibes für Anfänger. Einführung in sexuelle Revolution nach Papst Johannes Paul II., Kisslegg 2005, 48). Vor diesem Hintergrund kehren Frauen häufig ihre erotische Ausstrahlung heraus und machen damit Männer auf sich aufmerksam bis nachgerade kirre. Und auch hier treffen wir wieder auf einen Stein, der im Weg liegt. Wenn die sexuelle Ausstrahlung zu sehr im Vordergrund steht, dann kann sie ohne weiteres den Wert der Person überlagern. An die Stelle des Wertes der Person tritt dann peu à peu ihr erotischer Marktwert.

Wir haben festgestellt, dass wirkliche Liebe ein »Ja« zur Person um ihrer selbst willen ist. Auf Sex-Appeal gegründete Liebe ist ein »Ja« zur Person um ihrer sexuellen Werte willen. Während die biologische Sexualität für sich genommen nur Befriedigung sucht, also auf sich bezogen ist, steht sie wirklicher Liebe, die auf das »Du« hingeordnet ist, gegenüber. Es zeigt sich erneut, Sexualität will integriert sein, muss gebändigt sein, um Grundlage der Liebe und nicht des Egoismus zu sein – bis hin zur Kleidung, die ja immer auch Signalwirkung hat. Hier sei ein Tipp an die »Mädels« erlaubt: Mädchen und junge Frauen, die z. B. im

Sommer mehr entkleidet als bekleidet sind, senden oft eine für Jungen/Männer missverständliche Botschaft aus – als wären sie leicht zu haben. Sie wird von manchen – brutal formuliert – aufgefasst wie »Frischfleisch im Angebot«. Wer möchte allen Ernstes diese Botschaft aussenden? Wer zu viel zeigt, macht sich zum Konsumartikel. Oder anders gesagt: Sorge dafür, dass du als Persönlichkeit entdeckt wirst und nicht als Abziehbild deiner körperlichen Vorzüge.

Così fan tutte

»Così fan tutte« – so heißt eine Oper von Mozart: »So machen es doch alle«. Das Problem fremdbestimmten Handelns scheint also uralt zu sein. Nicht, wovon ich überzeugt bin, was ich als Wahrheit spüre, was mir mein Gewissen sagt, wird mir zur Leitschnur des Handelns, sondern das, was die Peergroup ansagt. Eigentlich wollte ich das gar nicht, hört man oft von Jugendlichen. Aber das Kollektiv hatte eine Macht, der sich der Einzelne nicht entziehen mochte. Und so heißt die Entschuldigung für halb gewollten, halb erzwungenen Unsinn oft genug: »Es tun doch alle.«

Jungen und Mädchen machen heute viel zu früh ihre ersten sexuellen »Erfahrungen«. Eigentlich wissen die Jugendlichen sehr gut, dass das jetzt überhaupt nicht dran ist. Und doch kommt es immer häufiger vor, dass schon 13-, 14-Jährige auf den Schulhöfen von ihren Erlebnissen angeberisch berichten – ob diese Erlebnisse nun tatsächlich oder nur in der Fantasie existieren, sei dahingestellt. Es entspricht jedenfalls einem Bild, das von ihnen in der Gruppe erwartet wird, wenn man denn zu den Coolen gehören will. Nichts suchen Jugendliche diesen Alters mehr als Gemeinschaft; sie bilden Cliquen, Gruppen, Freundeskreise. Wer möchte nicht zu einer der Gruppen dazugehören? Außenseiter sein ist mit das Schlimmste, was vielen jungen Menschen passieren kann. Und wer dazugehören will, muss eben etwas vorzuweisen haben, muss mitreden können, muss »up to date« sein.

So entsteht ein Gruppendruck, der schon äußerlich sichtbar an der Kleidung ist. Schuhe von bestimmten Marken, Jeans eines bestimmten Typs *muss* man haben, um dazuzugehören. Und dieser Druck erstreckt sich nicht nur auf die Kleidung. Er geht weiter. Je nach Art der Gruppe gehört dazu auch der Konsum von Drogen und eben auch das Vorweisen sexueller Erlebnisse. Wer keine hat, erfindet sie oder versucht sie zu erzwingen. Ausübung der Sexualität als Mittel, den eigenen Status zu erhöhen, das ist das Letzte, was der Liebe dient. Auch so ein Stolperstein, an dem sich die Liebe verletzt, bevor sie überhaupt laufen gelernt hat. Und auch hier handelt es sich um nichts anderes als um Egoismus auf Kosten anderer.

Allerdings muss man auch sehen, dass das Elend von verfrühten sexuellen Erfahrungen ein Stück weit auch das Drama von verlassenen Kindern ist – und dieses Drama wieder das Drama von alleinerziehenden Müttern oder das Drama junger Eltern ist, deren Familienträume unter Doppel- und Dreifachjobs zerstoben sind. Mit anderen Worten: Kinder fliehen in verfrühte erotische Beziehungen, weil sie zu Hause kein Nest mehr haben. Und dann ist die Gruppe da und sagt die Erfahrungen an, die sein müssen, wenn du zur »family« gehören willst. Und so mutiert Sexualität vom Medium der Liebe zum Medium der Erniedrigung.

Es ist notwendig, ungeschminkt und nüchtern diese Stolpersteine in den Blick zu nehmen. Sie sind keine wirklichen Hindernisse auf dem Weg der Liebe, wenn sie erkannt und umgangen werden. Sie allerdings nicht zur Kenntnis zu nehmen, so zu tun, als gäbe es sie nicht, macht aus dem Liebesweg ein Stolperweg.

Was gibt es nun für konkrete Hilfen, die Stolpersteine zu umgehen, den Weg konsequent und gut zu gehen und an das Ziel von Glück und Liebe zu gelangen?

Hilfen auf dem Weg der Liebe

Sich schämen

So wichtig es ist, die Realitäten des Lebens in den Blick zu nehmen, und dazu gehören eben auch die Stolpersteine auf dem Weg der Liebe, so sollten wir dennoch nicht bei diesem Punkt stehen bleiben. Wer seinen Weg in ständiger Angst geht, irgendwann über Stolpersteine zu fallen, wird unsicher. Der Weg wird freudlos und mühsam. Viel hilfreicher ist es da, sozusagen von Wegweiser zu Wegweiser voranzuschreiten, im Vertrauen darauf, dass diese Wegweiser mich vor den ärgsten Stolpersteinen bewahren. Ein solcher Wegweiser ist die »Scham«. Dieses Wort klingt verstaubt und altmodisch. Scham wird als Ausdruck einer Prüderie verstanden, die Sexualität an sich als etwas Unanständiges, Unreines betrachtet, über das man nicht spricht und das es zu verbergen gilt.

Doch das hat alles nichts mit jener Scham zu tun, die von der Philosophie als »Tugend« beschrieben wird und eine Hilfe auf dem Weg zur Liebe sein soll. Was ist Scham und warum ist sie nötig? Um sich dieser Frage zu nähern, ist es wiederum gut, einen Blick in die Heilige Schrift zu werfen. Von den ersten Menschen Adam und Eva wird berichtet, dass sie nackt waren und sich nicht voreinander schämten. Im Paradieseszustand war das »Adamskostüm« nichts Unanständiges (vgl. Gen 2,25). Das ändert sich nun schlagartig mit dem Sündenfall. Es wird geschildert, dass sich Adam und Eva erstmals als nackt wahrnehmen und zugleich aus Feigenblättern einen Schurz machen. Was ist geschehen? Vor dem Sündenfall war die Liebesfähigkeit von Adam und Eva uneingeschränkt gegeben. Die Sünde führt zu einer deutlichen Schwächung dieser Liebesfähigkeit. Mann und Frau erleben sich nicht mehr nur als für die gegenseitige Hingabe geschaffen, sondern es wächst die Begierde, jener Egoismus, den wir bereits bedacht haben, der dazu neigt, andere Personen als Mittel zur eigenen Befriedigung zu missbrauchen. Der nackte Leib des anderen ermuntert nun nicht mehr (nur) zur Liebe, sondern verführt dazu, die andere Person als Objekt der Begierde zu betrachten. Wo der Leib ungeschützt präsentiert wird, verkommt er zur Ware, die konsumiert werden will.

Und hier kommt nun die Scham ins Spiel. Die Scham weiß um diese Zusammenhänge und hat den Sinn, die Person mit ihren sexuellen Werten zu schützen vor falscher Begierde, vor Entwürdigung, davor, Objekt der Begierde zu werden. Scham ist vor diesem Hintergrund die Tugend, die die Sexualität in die Person einbindet und vor Missbrauch schützt. Scham ist mehr als das Bedecken der Geschlechtsmerkmale. Scham meint ein Verhalten, das um den Wert der Sexualität und Würde der Person weiß und beides entsprechend schützt. Das hat nicht unbedingt etwas mit dem Grad an Nackt- oder Bekleidetheit zu tun, der im viktorianischen England anders war als bei den Pygmäen. Ethnologische Forschungen haben zutage gebracht, dass Naturvölker, in denen völlige Nacktheit sozusagen »Kleiderordnung« ist, ein hochentwickeltes Schamempfinden haben und alles andere als lockere Libertins sind. Die Internationale kultivierter Menschen besitzt eben Scham, weil es zur Kultur gehört, sich nicht schamlos zu prostituieren, noch in die Intimsphäre anderer ungefragt einzudringen. Schamlose Menschen sind nicht nur in sexueller Hinsicht eine Katastrophe. Darum soll man sich bewusst schämen. Scham bedeutet: durch Worte, Kleidung und Verhalten der Sexualität den Stellenwert zu geben, der ihr gebührt, weil sie weiß, dass Liebe viel mehr ist als Sexualität. Vor diesem Hintergrund ist Scham alles andere als der verstaubte Ausdruck von Prüderie. Scham gibt es nur deshalb, weil Wert der Sexualität und Würde der Person gesehen und vor der egoistischen Begierde geschützt werden wollen.

Enthaltsamkeit trainieren

Wir haben gesehen, Sexualität, isoliert als Trieb betrachtet, strebt nichts anderes an als Befriedigung, ist für sich genommen also »blind«. Ohne willentliche Einbindung durch den Menschen, ohne die Fähigkeit, den Trieb zu beherrschen, breitet er sich unkontrolliert aus wie ein Feuer im trockenen Wald. Es gibt keinen Menschen, der gegen diese Versuchung immun wäre. Bei jedem neigt die Sexualität (wie auch andere Triebe) dazu, sich zu verselbständigen.

Lieben können bedeutet auch die Fähigkeit zu haben, »nein« zum Trieb zu sagen, bedeutet enthaltsam sein zu können. Wer den Trieb ausleben »muss«, ist ein Sklave seiner Triebdynamik und kein freier Mensch; er degradiert zudem den Partner/die Partnerin zum Instrument der eigenen Triebbefriedigung. Wer also lieben will, muss sich enthalten können, muss zumindest zeitweise »nein« sagen können. In diesem Sinne wird Enthaltsamkeit sogar zum Prüfstein der Liebe. Ein zugegebenermaßen extremes Beispiel mag dies verdeutlichen. Ein Ehepaar ist einige Jahre verheiratet. Da zeigt sich bei der Frau eine schwere Krankheit: Multiple Sklerose. Die Krankheit schreitet fort, körperliches Ausleben der ehelichen Liebe ist bald nicht mehr möglich. Beide sind zur Enthaltsamkeit »verurteilt«. Aber bedeutet dies das Ende ihrer Liebe? Kann die Liebe zwischen beiden gerade im Verlauf der Krankheit nicht noch eine neue Qualität bekommen? Und umgekehrt: Was wäre in diesem Fall, wenn der Ehemann nicht zur Enthaltsamkeit fähig wäre? Das Fremdgehen, die Untreue wäre vorprogrammiert.

Doch wir brauchen nicht auf dieses extreme Beispiel zu gehen. Immer wieder wird es bei Ehepaaren Phasen geben, in denen sie enthaltsam leben müssen, sei es durch berufliche Aktivität, durch Kinder in der Nähe, durch Phasen des Wiederfindens verlorener Zärtlichkeit, durch zeitweilige Krankheit, durch Schwangerschaft etc. Wer nicht gelernt hat, sich zu beherrschen, wer nicht die Sexualität in das Ganze der Person einzuordnen vermag, bei dem ist die Versuchung groß, in diesen notwendigen Zeiten der Enthaltsamkeit anderweitig Kompensation zu suchen. Es ist kein Geheimnis: Die vielfach praktizierte Untreue der Ehepaare in unserer Gesellschaft bis hin zur Ehescheidung hat auch etwas zu tun mit der mangelnden Fähigkeit zur Enthaltsamkeit und damit letztlich auch mit einer mangelnden Liebesfähigkeit.

Enthaltsamkeit als notwendiger Bestandteil der Liebe? Das wird im Allgemeinen anders erlebt und empfunden. Enthaltsamkeit bedeutet für viele nichts anderes als das Verbot von Liebe; sie steht unter dem Verdikt »Du darfst nicht«. Und viele, gerade junge Menschen, auf dem Weg zur Ehe verstehen die eindeutige Weisung der Kirche, vor der Ehe enthaltsam zu leben, als negativ. Die katholische Ehe- und Sexualmoral wird so zur Spielverderbermoral. Vor dem Hintergrund des eben Gesagten ist es wichtig, den positiven Wert der Enthaltsamkeit wieder neu zu entdecken. Enthaltsamkeit bedeutet ja nicht den Verzicht auf Zärtlichkeiten, auf liebende Zuwendung. Enthaltsamkeit markiert lediglich eine Grenze, die dem Schutz und dem Wachstum der Liebe dient. Diese Grenze einhalten zu können ist in der Tat ein Prüfstein der Liebe. Hier zeigt sich, ob es gelingt, die Sexualität in das Ganze der Person einzubinden, so dass sie ihrem Ziel dienen kann, oder nicht. Scharf formuliert: Beherrsche ich die Sexualität oder beherrscht die Sexualität mich?

Die Weisung der Kirche, vor der Ehe enthaltsam zu leben, erweist sich nicht nur als äußeres Gebot, dem nachzukommen Schwierigkeiten bereitet. Es erweist sich als innere Notwendigkeit, damit wirkliche Liebe wachsen und sich entfalten kann, damit Sexualität gebändigt und gelenkt werden kann und so ihrem Ziel dienen kann. Von außen betrachtet mag das so aussehen, als wolle die Kirche den Leuten die Lust verderben. In Wahrheit gibt es auf der ganzen Welt keine einzige Institution, die größer von der Lust denkt als die katholische Kirche. So sagt der mittelalterliche Mystiker Heinrich Seuse: »Gott will uns nicht der Lust berauben, er will uns Lust geben in Unendlichkeit.« Die Liebe *ist* Lust in Ewigkeit.

Aber da muss man auch hinkommen – in die richtige, die wahre, die einzige Liebe! Diejenigen, die sich in ihrer Liberalität gefallen und alles erlaubend bei den Jugendlichen anbiedern, verhelfen ihnen nicht zur großen, zur göttlichen Liebe. Sie wechseln das Gold einer wirklichen Liebe in das Kleingeld flüchtiger Bettgeschichten. Sie betrügen die jungen Leute um eine integre Liebe – und letztlich um ihr Leben. Die katholische Kirche erscheint hart; und sie handelt sich dafür nur Ohrfeigen ein. Wie kann man nur! Doch ist ja niemand gezwungen, ihren Weisungen zu folgen. Jeder darf Unsinn ausprobieren.

Klug ist es nicht. Ich bin überzeugt: Eines Tages werden sie kommen, alle die es besser wussten, und werden sagen: Wie stark von der katholischen Kirche, so hoch von der Liebe zu denken, sie so mutig zu verteidigen, im Namen wahrer Liebe so viel von den Menschen zu verlangen und darin keinen Millimeter Boden preiszugeben!

Allerdings, dies nüchtern und sachlich mit dem Verstand nachzuvollziehen ist das eine, es im Leben umzusetzen ist das andere. Wir leben in einer sexuell aufgeheizten Gesellschaft, in der alle Schranken schwinden. Ausleben der Sexualität, auch außerhalb der Ehe, wird generell zur gesellschaftlich akzeptierten Normalität. Exoten sind die, die hier anders leben. Wie kann es gelingen, in dieser Umgebung »anders« zu sein, zu leben und zu handeln? Die Enthaltsamkeit ist nur ein Element der Gestaltung einer Liebesbeziehung zwischen Mann und Frau auf dem Weg zur Ehe. Wir wollen verschiedene andere Elemente bedenken, die erst gemeinsam ein Gesamtbild ergeben und sich gegenseitig stützen.

Sich Grenzen setzen

Wir haben bereits bedacht, dass wir Menschen unter den Folgen der Erbsünde leiden. Wir erleben uns als innerlich zerrissen. Es kostet Mühe, den Egoismus zu durchbrechen und durch Liebe zu ersetzen. Wir haben auch gesehen, dass die Sexualität den Charakter eines Triebes hat, der unseren Verstand und unsere Gefühle, unser Handeln beeinflusst, letztlich sogar beherrschen »will«. Und es gehört auch zu dieser Realität, dass wir Menschen nicht grenzenlos stark sind. Das Wort Jesu gilt immer noch: »Der Geist ist willig, aber das Fleisch ist schwach« (Mt 26,41).

Wenn wir uns dies nüchtern und selbstkritisch vor Augen halten, dann bedeutet dies, klug zu handeln. Wer zu nahe ans Feuer geht, der verbrennt sich. Es geht also darum, sich nicht erst in eine Situation zu bringen, in der ich nicht mehr Herr meiner selbst bin, die es mir unmöglich ist, mich zu beherrschen, in der vorprogrammiert ist, dass ich alle meine Vorsätze breche.

Ein Beispiel mag dies verdeutlichen. Ein verliebtes (unverheiratetes) Paar möchte gemeinsam den Urlaub verbringen. Man plant eine Reise und übernachtet gemeinsam in einem Hotelzimmer. Dies zu tun und dabei den Vorsatz zu haben, enthaltsam zu leben, ist realistischerweise nicht »kompatibel«. Das Paar überfordert sich selbst, wenn es sich in eine solche Situation begibt. Das hätte nicht einmal der heilige Franziskus mit der heiligen Klara geschafft! Nun ist auch das gemeinsame In-Urlaub-Fahren allgemein zur Normalität geworden. Ein Paar, das da nicht mittut, gerät schon fast in Rechtfertigungsdruck. Es ist so »normal« in der Gesellschaft geworden, wie es normal geworden ist, vor der Ehe zusammenzuleben. Dennoch möchte ich hier junge Paare dazu ermutigen, sich nicht unbedacht dieser »Normalität« anzupassen und eigene Wege zu gehen. Was ist zu tun?

Wenn sich Freund und Freundin gut kennen, dann ist es hilfreich, offen die hier angeschnittene Frage anzusprechen und sich – sozusagen im »nüchternen« Zustand – über Situationen zu einigen, in die man sich gegenseitig nicht bringen will. Eine Liebesbeziehung entwickelt sich nicht von selbst, es liegt in der Hand der Beteiligten, ihrer Beziehung eine Richtung zu geben, sie zu lenken, so dass sie wirklich für beide eine gute Beziehung mit Tiefgang ist.

Gibt es eine Faustregel, die hilft, die richtigen Grenzen zu setzen, ohne falsche Ängstlichkeit, aber auch ohne Leichtsinn? Eine solche bewährte Faustregel lautet: »Aufhören, wo ausziehen beginnt.« Der Wunsch von Verliebten, sich ihre Liebe durch den Austausch von Zärtlichkeiten zum Ausdruck zu bringen, ist ebenso natürlich wie richtig. Da aber Leidenschaft weder genau planbar noch souverän steuerbar ist, bedarf sie einer willentlichen Grenze, damit sie sich nicht verselbständigt und den/die andere(n) zum Mittel der eigenen Befriedigung macht. Wir haben bereits über die Bedeutung der Scham gesprochen, die uns gerade davor schützen soll. Wenn einmal das Ausziehen begonnen hat, dann entfällt dieser »Schutzfaktor«, und das Weitere ist kaum noch durch den Willen zu steuern.

Nun könnte man vielleicht einwenden: Wenn das so ist, dann besteht doch immerhin die Gefahr, dass spätestens beim Geschlechtsakt der Partner/die Partnerin zum Mittel der eigenen Befriedigung wird. Darauf würde ich antworten: Gerade deshalb ist es unerlässlich, dass die leibliche Hingabe getragen wird von der Lebenshingabe, dass das gegenseitige Sich-Genießen getragen wird vom gegenseitigen Sich-Verschenken. Leiblicher Ausdruck muss mit geistig Gemeintem übereinstimmen. Das Sich-einander-Schenken und -Annehmen ist der Kern des ehelichen Versprechens. Daher ist die Ehe die notwendige Voraussetzung dafür, dass Sexualität Bestandteil der Liebe und nicht des Egoismus wird. Die Ehe bietet den geschützten Raum, in dem Begierde sein darf, ohne dass sie Selbstzweck wird, sondern eingebunden ist in die lebendige Beziehung zum Du.

Paare auf dem Weg zur Ehe, die sich in geschilderter Weise Grenzen setzen, wissen um diese Zusammenhänge. Ihre Beziehung wird in keiner Weise asexuell sein, ja sie wird in dieser Richtung sogar hochspannend sein, wie mir Paare bestätigt haben, die sich mit großer Freude und freien Stücken auf einem enthaltsamen Weg zur Ehe befinden. Eines kann ich sagen: *Die* haben Ausstrahlung, dass einem die Luft wegbleibt!

Aber die Sexualität wird entsprechend der Reife ihrer Beziehung dem Grad ihrer Liebe integriert. Nur wer Grenzen zu ziehen vermag, ermöglicht das Wachsen von Liebe.

Niemals tun, was alle tun

Wir haben bereits über den Gruppenzwang gesprochen, der einen enormen Einfluss ausübt, und ebenso über das, was gesellschaftlich als »normal« gesehen wird. »Wenn alle es tun, dann kann es doch nicht verkehrt sein«, ist weniger ein Argument als eine Emotion. Hinzu kommt, dass das, was alle tun, ja in aller Regel auch einfacher, müheloser ist, als eigene Wege konsequent zu gehen. Und doch ist es kein wirkliches Kriterium, sich nach der Masse ausrichten zu wollen. Wir sind heute leicht dabei, beispielsweise den Menschen im Dritten Reich Vorwürfe zu machen, wie sie massenhaft dem Nationalsozialismus folgen konnten und dabei die Augen vor der Realität verschlossen haben. Und auch in dieser Zeit sind es die Beispiele der wenigen, die gegen den Strom geschwommen sind, die uns bis heute bewegen und beeindrucken, ob es die Studenten der »Weißen Rose« sind, ein Dietrich Bonhoeffer oder der Widerstandskreis des 20. Juli 1944. Sie alle sind nicht der Masse gefolgt, sondern ihrem Verstand, ihrem Herzen, ihrem gebildeten Gewissen. Diese Beispiele zeigen, dass ein Schielen auf das, was viele tun, nicht weiterführt.

Jeder Mensch ist eine eigene Persönlichkeit, berufen und befähigt, das eigene Gewissen zu bilden und auf dieser Basis gute Entscheidungen zu treffen. Das gilt auch und gerade für den ganz intimen Bereich der Liebe und Freundschaft. Denn wie kaum ein anderer Bereich des Lebens betrifft er das Innerste des Menschen. Dazu ist es wichtig, sich gründlich mit den Fragen von Liebe und Freundschaft auseinanderzusetzen und auf der Basis einer gereiften Überzeugung selbstbewusst und mutig den eigenen, für richtig erkannten Weg zu gehen. Ich bin davon überzeugt, die Paare, die dies tun, können in ihrem Freundeskreis geradezu zum Trendsetter werden. Denn die Sehnsucht nach echter Liebe und Freundschaft ist in jedem Menschen verborgen. Und in vielen schlummert die Erkenntnis, dass ein hemmungsloses Ausleben der Sexualität nicht wirklich zur Liebe führt. Die zerstörerischen Auswirkungen eines solchen Lebens werden immer deutlicher. Ein junges Paar, das anders lebt als andere, kann damit vielen anderen Vorbild und Hilfe sein, sich selbst eine Überzeugung anzueignen und nicht nur die von anderen wiederzugeben, ein eigenes Leben zu führen und nicht das, was »man« heute führt.

Gemeinsame Interessen und Freundschaften pflegen

Es gibt das Märchen von einem Mann, dem eine Fee begegnet. Die Fee verspricht ihm unsagbare Reichtümer in Gold und Silber. Sie stellt nur eine Bedingung. Er dürfe nicht an einen großen rosa Elefanten denken. Der Mann jubiliert und sagt sich: Ich habe noch nie an einen großen rosa Elefanten gedacht. Diese Bedingung werde ich leicht erfüllen. Doch mit diesem Augenblick geht ihm der große rosa Elefant nie mehr aus dem Kopf. Immer und überall muss er an ihn denken. So kommt er nicht zu den erhofften Reichtümern.

Was hat das mit unserer Thematik zu tun? In unserer Gesellschaft ist die Sexualität sozusagen allgegenwärtig – wie der große rosa Elefant aus dem Märchen – und erhält damit eine Bedeutung, die ihr nicht zusteht. Auch hier ist es wichtig, dass sich Freund und Freundin nicht auf diesen Weg einlassen, sondern der Sexualität den Platz zuweisen, der ihr gebührt. Wie viele andere Aspekte verdienen es, gepflegt und entfaltet zu werden! Welche gemeinsamen Interessen gibt es, welche Hobbys, welche sportlichen Aktivitäten? Gibt es überhaupt über das gefühlsmäßige Verliebtsein hinaus andere verbindende Gemeinsamkeiten, einen gemeinsamen geistigen Horizont? Gibt es eine gemeinsame Basis in Fragen der Religion und des Glaubens, wenigstens ein gegenseitiges Verständnis? Nicht zuletzt an diesen Fragen entscheidet sich, ob es eine tragfähige Beziehung sein wird oder ob die Freundschaft zum Scheitern verurteilt ist. Denn so stark die Gefühlswelt sein mag, sie ist nicht beständig. Sie ändert sich und ebbt auch irgendwann ab. So verhilft auch die Pflege der gemeinsamen Interessen dazu, Klarheit zu gewinnen über die Tragfähigkeit der Bindung.

Meine Sexualität und ich

Auch wenn Junge und Mädchen bzw. Mann und Frau nicht in einer konkreten wie auch immer gearteten Beziehung leben, macht sich die Sexualität als Triebmoment bemerkbar. Wie stark, das hängt von der jeweiligen Person ab. Manche erleben sie als sehr intensiven Drang, manche als weniger intensiv. Sie vermag Denken und Fantasien, aber auch Handlungen und Interessen zu beeinflussen. Dass dies so ist, macht sich ein mächtiger Wirtschaftszweig zu eigen. Dieser weiß, dass Bilder sich in der Fantasie ablagern, dass sie Wünsche wecken, die immer mehr wollen. Es ist noch nicht lange her, da war Pornographie unter der Ladentheke gehandelter Dreck für heruntergekommene Lustmolche; mittlerweile ist es fast schick, sich als Konsument »geschmackvoller erotischer Filme« zu outen. Selbst aufgeklärte Damen beim Kaffeekränzchen tun das, habe ich mir sagen lassen. Kinder tauschen auf dem Schulhof scharfe Downloads wie weiland den Porsche gegen den Ferrari vom Autoquartett. Die Kirche hat Pornographie immer strikt geächtet – und sie lässt sich auch durch zeitgeistige Feuilletonisten nicht von ihrer Ansicht abbringen. Pornographie ist eine nur scheinbar cleane Abart der Prostitution. In beiden Fällen geht es um (den Anschein von) Liebe für Geld. Die Folgen dieser »Invasion« von Sexualität, die den menschlichen Leib als Ware darbietet, sind nicht absehbar.

Immer schwerer wird es, dem Lockstoff der zur Ware herabgewürdigten Sexualität zu entkommen. Was aber kann ich nun tun, damit mein Ich zu einer reifen Persönlichkeit wird, die sich nicht an irgendeinen Fetisch klammert, die mit der eigenen Sexualität umzugehen weiß und sie ins Ganze der Persönlichkeit einzubinden vermag? Hier gilt zunächst auch das, was wir bereits über den Umgang mit der Sexualität im Rahmen einer Paarbeziehung bedacht haben. Die eigenen Gedanken sollten sich nicht auf das Thema Sexualität fixieren (damit es nicht zum großen rosa Elefanten wird). Hobbys, Interessen und sportliche Aktivitäten, die Pflege von Freundschaften, selbstverständlich aber auch das Ernstnehmen von Schule oder Studium oder Beruf fordern mich mit Verstand und Fantasie ein, verhelfen indirekt dazu, die Sexualität in die Gesamtperson einzubinden. Bildchen und Filme im Net gucken ist entgegen anderslautender Ansage kein befriedigendes Hobby. Jeder junge Mann, der Neigung dazu verspürt, soll sich die Junkies vor Augen führen, die als 30-jährige »Jungfrauen« mit hohlen Augen immer noch vor dem Monitor sitzen und sich jahrelang etwa 5 000 000 tolle Frauen angeschaut haben, statt eine kennenzulernen. Das ist kein Witz, sondern therapeutischer Alltag bei der Caritas.

Ja, es ist schwierig der geschilderten »Invasion« der Ware Sex auszuweichen. Eines wäre jedenfalls töricht, nach dem Motto zu verfahren: Je mehr ich davon konsumiere, desto abgebrühter werde ich. Das Gegenteil ist der Fall. In Zeitschriften Gelesenes und noch viel mehr auf Filmen oder Bildern Gesehenes lagert sich in der Fantasie ab und bleibt dort, führt zu einer latenten und stärker werdenden Reizung der Sexualität als Trieb, der zunehmend schwieriger zu bändigen ist. Hier gibt es nur einen Weg: Wo immer es geht, »nein« zu dieser Invasion zu sagen, einschlägige Internetseiten meiden, das Fernsehprogramm nicht wahllos konsumieren und manchen Zeitschriften aus dem Weg zu gehen.

Kurzum: »Habe Mut zu fliehen!«

Hier ist es nun angebracht, ein Wort zum Thema Selbstbefriedigung zu sagen. Vielfach wird gesagt, es sei das Normalste auf der Welt. In früheren Zeiten habe dies die Kirche untersagt, und davon seien die Menschen krank geworden. Nun wird niemand sagen, dass Selbstbefriedigung der Weg zu einem erfüllten Sexualleben ist. Sie ist bestenfalls eine Ersatzhandlung, die einen kurzen sexuellen Genuss anstrebt. Dass dies dem Sinn der Sexualität widerspricht, liegt auf der Hand. Denn sie ist Basis der Liebe zwischen Menschen und Grundlage für die Weitergabe des Lebens. Ihre isolierte Befriedigung widerspricht diesem Ziel. Dass dies mehr als eine philosophische Betrachtung ist, zeigt sich darin, dass Selbstbefriedigung in aller Regel Unwohlsein und Unzufriedenheit hinterlässt. Das eigene »Selbst« lässt sich eben nicht mit sich selbst »befriedigen«. Glück und Erfüllung findet der Mensch nur, wenn er die Mauern des eigenen Selbst durchbricht. Ob sie nun viele, alle oder wenige praktizieren, sie ist ein Indiz dafür, dass es (noch) nicht gelungen ist, die Sexualität zu lenken und sie in die Person einzubinden. Es geht hier beileibe nicht darum, die zu verurteilen, die damit zu tun haben, vielmehr geht es darum, Selbstbefriedigung als Sackgasse anzuerkennen. Es kann gelingen, die Sexualität zu beherrschen, damit sie nicht uns beherrscht. Das erfordert sicher Geduld, aber auch Gelassenheit. Auch hier gilt: Sexualität ist nicht das Thema Nummer 1 (schon gar nicht für den lieben Gott – der interessiert sich nur für Liebe). Gescheitertes Bemühen hat übrigens auch etwas Gutes: Man wird demütig. Nur nicht deprimieren lassen! Neu anfangen! Und sich nicht auf den Sex konzentrieren, sondern auf die Liebe! Viele Menschen haben/die meisten Menschen hatten zumindest zeitweise ein Problem mit der Selbstbefriedigung. Die es überwunden haben, sagen: Es hatte nicht mit Willensstärke zu tun (denn sie fixiert nur wieder auf das eigene Ich), sondern mit dem Versuch, an anderer Stelle eine zutiefst liebevolle Rolle zu spielen und ein hingebungsvoller Mensch zu sein.

Beten und die Sakramente empfangen

Im Ringen um den rechten Umgang mit der Sexualität kommt es nicht nur auf uns selbst an, nicht in erster Linie auf die Kraft unseres Willens und Verstandes. Gläubige Christen wissen, dass sie nicht allein sind, dass ohnehin all ihr Bemühen zur Erfolglosigkeit verurteilt ist ohne die Kraft Gottes, die allem Bemühen vorausgeht. Wer diesen Glauben teilt und sich zu eigen macht, der gewinnt damit Zugang zu einer unerschöpflichen Kraftquelle, zu einer Quelle ständiger Erneuerung. *Wir können nur das verschenken, was wir zuvor empfangen haben.* Unbedingt merken! Noch einmal: *Wir können nur das verschenken, was wir zuvor empfangen haben.* Das gilt auch für die Liebe. Und der rechte Umgang mit der Sexualität hat ja nichts anderes zum Ziel, als echter Liebe zu dienen, sie zu fördern und zu ermöglichen.

Wer also sein Herz im Gebet dem Herrn öffnet, der lässt sich von seiner Liebe beschenken und damit von einer Kraft erfüllen, die alle menschliche Schwäche übersteigt. Je mehr das Gebet zur Alltagsform des Umgangs mit Gott geworden ist, je mehr es mir selbstverständlich ist, im persönlichen Zwiegespräch mit IHM meine Freuden und Sorgen, Nöte und Hoffnungen zu artikulieren, desto mehr lasse ich zu, dass Gott mein Leben führt und in die richtigen Bahnen lenkt, mir Kraft gibt, wo es nötig ist, mich warnt, wo es gefährlich wird, mir Liebe ins Herz gibt, wo ich zum Egoismus neige, und nicht zuletzt mich ermutigt aufzustehen, wenn ich auf die Nase gefallen bin. In besonderer Weise geschieht dieser Lebensaustausch mit Gott in den Sakramenten, und gerade für unseren Zusammenhang sind zwei Sakramente von entscheidender Bedeutung.

Da ist zunächst die heilige Eucharistie, in der wir die liebende Hingabe Christi am Kreuz zugunsten der Menschen feiern, und hingebende Liebe ist die Höchstform jeder menschlichen Liebe, auch der zwischen Mann und Frau. Sich im Sakrament der Eucharistie von der Hingabe Jesu beschenken zu lassen, ermöglicht mir und verpflichtet mich zugleich dazu, diese Liebe selbst auszuüben und weiterzuschenken.

Außerdem ist für unseren Zusammenhang das Sakrament der Buße und Beichte von besonderer Bedeutung. In der Lossprechung des Priesters sagt mir Christus zu, dass er mir alle Schuld und Sünde vergibt, dass ich ganz neu anfangen kann, gestärkt durch seine Liebe. Kann man sich etwas Schöneres vorstellen? Unter uns Menschen ist Vergebung und Versöhnung ein schwieriges Unterfangen. Manchmal scheint es ganz und gar unmöglich zu sein, dass bestimmte Menschen sich versöhnen. Gott ist da anders. Er wartet mit offenen Armen auf jeden und ist bereit, immer wieder zu vergeben – und nicht nur einmal, immer wieder. Das Einzige, das von unserer Seite nötig ist, ist die echte Reue, der gute Wille, sich zu bessern, und die Bereitschaft, dies zu bekennen. Dieses Sakrament ist ein großes Geschenk der Güte Gottes, die unserer Schwäche zu Hilfe kommt. Sie weiß, dass bei allem guten Willen »das Fleisch schwach ist«. Das Sakrament der Buße durchbricht Sackgassen, eröffnet neue Wege und gibt Kraft, diese Wege zu gehen.

Gebet und Sakramente, das sind entscheidende Hilfen auf dem Weg der Liebe, Hilfen, ohne die wir schwerlich ans Ziel gelangen können.

Noch einmal: Warum gehört Sex in die Ehe?

Unter verschiedenen Stichpunkten haben wir über den rechten Weg der gelebten Sexualität gesprochen. Im ersten Teil geschah dies vor dem Hintergrund der grundsätzlichen Zusammenhänge zwischen Leib und Seele und ihrer Bedeutung für die Liebe von Mann und Frau. Wir haben im zweiten Teil Enthaltsamkeit als Hilfe auf dem Weg der Liebe betrachtet und auch festgestellt, dass unkontrollierte Leidenschaft zerstörerisch wirkt. Dennoch, stellen wir einmal pointiert die Frage: Warum gehört Sex in die Ehe? Selbst wenn ich Enthaltsamkeit und Fähigkeit, die eigene Sexualität in den Griff zu bekommen, für notwendig halte: Warum soll dies nicht auch in außerehelichem Zusammenleben gelingen? Warum ist die Meinung der Kirche hier so unnachgiebig?

Weil die Sprache des Leibes wahr sein muss

Es sei noch einmal kurz an das erinnert, was wir im ersten Teil bedacht haben. Der Leib ist Ausdruck der Seele. Geistig Gemeintes findet durch leibliche Handlungen seinen Ausdruck. Ein Gedanke, den ich habe, bekommt durch die Sprache seinen Ausdruck. Die Liebe zu einem Menschen muss sich »verleiblichen«. Zu der besonderen Form der Verleiblichung der Liebe zwischen Mann und Frau gehört die Sexualität. Wie es Intensitäten unterschiedlicher Stärke in der Liebe gibt, so gibt es auch Gesten, Handlungen auf leiblicher Ebene bestimmter Intensität. Die verschiedenen Intensitäten dieser Verleiblichungen der Liebe haben wir ebenfalls bereits bedacht. Höchstform der Liebe zwischen Mann und Frau ist das gegenseitige Sich-zum-Geschenk-Machen, die Hingabe, das vorbehaltlose Schenken und Annehmen. Genau dies ist Inhalt der Eheschließung.

Wenn Braut und Bräutigam sich gegenseitig versprechen: »Ich nehme dich an als meinen Mann/meine Frau. Ich will dich lieben, achten und ehren alle Tage meines Lebens, in guten und in bösen Tagen, in Gesundheit und Krankheit, bis der Tod uns scheidet« – dann erst können sie guten Gewissens miteinander schlafen. Ihre Vereinigung macht ihre Worte wahr. Wenn man »so« miteinander schläft, dabei ein Kind »riskiert« und dann wieder die Gemeinsamkeit flieht, hat man mit seinem Leib nicht wahr gesprochen. Leben und Lieben sind nicht kongruent. Im Gegenzug *muss* ein Paar miteinander schlafen, das sich die ganzheitliche Vereinigung verspricht. Sonst ist auch hier Lüge und nicht Wahrheit. Die Höchstform der Liebe findet ihren gültigen leiblichen Ausdruck in der geschlechtlichen Gemeinschaft. Das Kirchenrecht nennt sie daher auch den »Vollzug der Ehe«. Dieser leibliche »Vollzug« gehört notwendig zur Eheschließung. Ja, eine Ehe, die geschlossen, aber nicht »vollzogen« ist, wäre sogar noch auflösbar. Erst durch den »Vollzug« wird die Eheschließung tatsächlich abgeschlossen.

So weit, so gut. Wenn aber der geschlechtlichen Gemeinschaft eine so hohe Bedeutung beigemessen wird, so muss dies auch einen sorgsamen Umgang zur Konsequenz haben. Die geschlechtliche Gemeinschaft ist nicht irgendeine körperliche Betätigung, die man nach Lust und Laune tun oder unterlassen könnte. Sie hat ihren Sinn als Ausdruck menschlicher Hingabe. Was geschieht nun, wenn geschlechtliche Gemeinschaft von der Ehegemeinschaft getrennt wird? Der Leib drückt Hingabe aus, aber diese Hingabe ist nicht durch das Leben gedeckt. Freund und Freundin, die, solange sie nicht endgültig zueinander »ja« gesagt haben, das heißt verheiratet sind, sich die Trennung vorbehalten, haben sich von daher logischerweise noch nicht einander geschenkt, noch nicht hingegeben. Unter diesen Voraussetzungen würde die geschlechtliche Gemeinschaft eine Liebe verleiblichen, die so (noch) gar nicht da ist. Hart formuliert: Es wäre eine leibliche Lüge. Es gehört zur Ehrlichkeit des Leibes, dass geschlechtliche Gemeinschaft in die eheliche Gemeinschaft gehört. Wer die menschliche Person als Ganzheit von Leib und Seele ernst nimmt, dem kann die Ehrlichkeit oder Unehrlichkeit des Leibes nicht egal sein.

Wer prinzipiell diese enge Verwobenheit von Leib und Seele von geistiger Liebe und leiblichem Ausdruck trennt, der muss wissen, dass er damit auch Sexualität von Liebe trennt. Zunächst vielleicht allmählich und kaum sichtbar, doch zunehmend stärker. Aus der geschlechtlichen Gemeinschaft auf dem Weg zur Ehe wird leicht die geschlechtliche Gemeinschaft in immer unverbindlicheren Verbindungen. Ein Blick in das Beziehungsgefüge unserer Mitmenschen zeigt, dass dies alles keine Theorie ist, sondern gelebte Wirklichkeit.

Nein, wer es mit der Liebe als leib-seelischer Wirklichkeit ernst meint, der kann nicht Sexualität von Liebe trennen wollen, der weiß: Es gehört zur Ehrlichkeit des Leibes, ja zur Ehrlichkeit der Liebe, dass geschlechtliche Gemeinschaft in die Ehegemeinschaft gehört.

Weil Leidenschaft eingebunden sein muss

Die eben geschilderte Sicht ist grundsätzlicher, sozusagen philosophischer Natur. Sie geht von der Frage nach der Wahrheit über den Menschen, über die Wahrheit der Liebe aus. Doch dass dies nicht nur eine theoretische Wahrheit der Philosophen ist, sondern ihren Niederschlag im praktischen Leben findet, das zeigt die nüchterne Erfahrung. Sexualität ist eine Leidenschaft, die den Menschen beflügeln und bewegen kann, die Glück hervorruft und ihn geradezu in Freudentaumel bringen kann. Aber wie alle Leidenschaften kann sie auch, unkontrolliert angewendet, zerstörerisch wirken. Sie kann Menschen erniedrigen, Egoismus immer mehr aufblähen, buchstäblich der Tod jeder Liebe sein. Auch diese Zusammenhänge haben wir bereits bedacht.

Was bedeutet das nun konkret? Wie kann es gelingen, einerseits die Sexualität auszuleben, ohne dass sie zerstörerisch wirkt und den anderen zum Lustobjekt erniedrigt? Die Fähigkeit, Sexualität zu kontrollieren, korrespondiert mit der Fähigkeit zur Enthaltsamkeit. Wer die eigene Leidenschaft zähmt und kanalisiert, der weiß, dass sie nicht an erster Stelle der Liebe steht. Sie gehört zwar dazu, aber Liebe bedeutet unendlich viel mehr als Leidenschaft.

Die Kehrseite der Medaille sieht aber dann auch so aus: Ungebremstes Ausleben sexueller Leidenschaft lässt mehr zurück als einen schalen Nachgeschmack, als Katerstimmung. Was meine ich damit? Ein Gedankenspiel kann dies verdeutlichen. Nehmen wir an, ein Mann hat eine feste Freundin (das Gleiche lässt sich natürlich genauso umgekehrt denken). Nehmen wir weiter an, es gäbe diese Freundin zweimal, völlig gleich mit gleichem

Charakter, gleichem Aussehen, gleichem Verhalten usw. Es gäbe jedoch einen Unterschied. Die erste Geliebte ist eine Frau mit sehr vielen sexuellen »Erfahrungen«, die sie mit vielen Männern gesammelt hat. Die zweite hat keine solchen »Erfahrungen«. Sie ist in der Tat völlig unberührt. Welche von beiden würde man vorziehen? Selbstverständlich die zweite. Dieses zugegebenermaßen rein theoretische Gedankenspiel kann allerdings deutlich machen, dass ausgelebte Sexualität mehr ist als nur ein zeitweiliges Erlebnis ohne Folgen. Sie hinterlässt bleibende Spuren, bleibende Verletzungen, hinterlässt Narben, die nie gänzlich ausheilen. So wird es vielleicht etwas verständlicher, weshalb der Apostel Paulus in diesem Zusammenhang die Korinther ermahnt: »Hütet euch vor der Unzucht! Jede andere Sünde, die der Mensch tut, bleibt außerhalb des Leibes. Wer aber Unzucht treibt, versündigt sich gegen den eigenen Leib« (1 Kor 6,18). Wer es versäumt zu lernen, die eigene Leidenschaft in die Liebe einzubinden, fügt anderen bleibende Verletzungen zu. Es gehört von daher schon zum Gebot der Nächstenliebe, die Sexualität zu bändigen und ihren Zielen entsprechend zu leben.

Weil Ehe auf Probe eine Illusion ist

Nun wird gelegentlich eingewandt, der Schritt zur Ehe sei ja ein sehr folgenreicher und müsse daher gut bedacht sein. Und um hier zu einem wirklich tragfähigen Urteil zu kommen, müsse man Erfahrungen sammeln, ob man wirklich auch zusammenleben kann. Von daher sei es gut, zunächst einmal »ohne Trauschein« zusammenzuleben. Es geht also um die sogenannte Ehe auf Probe. Zunächst hört sich dieser Gedankengang plausibel und verlockend an. Je mehr Erfahrungen ich sammele, desto sicherer wird meine Entscheidung. So wie ich etwa ein Auto erst dann kaufe, wenn ich zuvor eine Probefahrt gemacht habe und mich davon überzeugt habe, dass das Auto wirklich gut ist. Man muss sich das einmal konkret vorstellen: Ich teste dich! Du testest mich! Für das Omelett gibt es hundert Punkte. Aber was du da im Bett gebracht hast ... unterirdisch! Wenn du nicht noch ein bisschen zulegst, wird das nichts mit Acapulco!

Die kleine Satire zeigt: Menschen sind keine Gegenstände, die man ausprobieren könnte. In den letzten dreißig Jahren hat sich die Zahl der sogenannten Ehen auf Probe sprunghaft erhöht. Mittlerweile ist es fast die Ausnahme, dass ein Paar vor der Ehe nicht mehr zusammenlebt. Der eben dargelegten Argumentation entsprechend müssten die Ehen immer stabiler werden, da ja fast alle vorher entsprechende Erfahrungen gesammelt haben. Das Gegenteil ist jedoch der Fall. Die Zahl der Ehescheidungen hat sich im gleichen Zeitraum drastisch erhöht. Mehr als jede dritte Ehe wird geschieden. Auch wenn die Ursache dafür viele Faktoren umfasst, so scheint das mit dem Ausprobieren irgendwie nicht zu funktionieren. Es kann auch nicht funktionieren, da, wie gesagt, Personen keine Gegenstände sind, keine Maschinen, die immer gleich in jeder Situation funktionieren. Menschen entwickeln sich. Ereignisse und Umstände lassen sich nicht planen. Und niemand kann für sich voraussagen, wie er sich in einer bestimmten Extremsituation verhält, wie sich sein Charakter entwickelt, wenn ihm Krankheit, soziale Not oder andere Schicksalsschläge begegnen. Das Leben lässt sich nicht in dieser Art und Weise planen, und es lässt sich auch nicht ausprobieren. Und wer die Illusion hat, es in einer Ehe auf Probe tun zu können, der geht eben mit einer Illusion in die Ehe. Und das ist keine gute Voraussetzung.

Hinzu kommt ein Weiteres. Ist es wirklich so, dass sich die Liebenden in der vorehelichen Gemeinschaft besser kennenlernen? Oder hindert nicht der Überschwang der Gefühle gerade daran, sich tiefer kennenzulernen? Nicht umsonst gibt es ja das Sprichwort: »Liebe macht blind.« Ich erinnere nochmals an den bereits erwähnten Vergleich: Wenn ich ein großes Gemälde im Museum betrachte, dann kann ich, wenn ich sehr nahe herangehe, viele Details erkennen. Ich kann entdecken, wie der Künstler seinen Pinsel geführt hat. Doch erst wenn ich ein wenig Abstand vom Bild habe, kann ich das gesamte Kunstwerk überblicken. Erst dann erschließt sich mir die Gesamtkonzeption des Kunstwerks. Übertragen auf die Liebe zwischen Mann und Frau auf dem Weg zur Ehe, heißt das: So schön und wichtig es ist, eine gute Zeit des Zusammenseins zu pflegen, so ist es doch wichtig, auch immer wieder Distanz zu gewinnen, um auch nüchtern der Frage nachzugehen: Ist er oder sie der Mann oder die Frau meines Lebens? Abstand bringt die Dinge näher, sagt man. Das gilt auch für Personen. Ich bin hundertprozentig davon überzeugt: Die beste Probe für Paare ist die Nicht-Probe, das zurückhaltende Beieinandersein, bis die Liebe weiß: Jetzt machen wir ganze Sache! Klartext: Es gibt nur eine Instanz, die weiß, wenn »es« sein muss – die Liebe. Der Unterleib ist in dieser Frage inkompetent.

Schließlich: Eine Ehe auf Probe widerspricht ganz eklatant der Würde des Menschen. Menschen sind eben, wie bereits gesagt, keine Maschinen, die man ausprobieren könnte so wie ein Auto bei der Probefahrt. Wenn Liebe zwischen Mann und Frau bedeutet, sich gegenseitig zu schenken, dann widerspricht dies diametral dem gegenseitigen »Sich-Ausprobieren«. Daher sagt Papst Johannes Paul II.: »Schon die bloße menschliche Vernunft spricht gegen sie (die Ehe auf Probe); zeigt sich doch, wie wenig überzeugend es ist, ein ›Experiment‹ anzustellen, wo es um menschliche Personen geht, deren Würde verlangt, dass sie für immer und ausschließlich das Ziel liebender Hingabe sind, ohne jegliche zeitliche oder sonstige Begrenzung« (Johannes Paul II., Apostolisches Schreiben Familiaris consortio, Nr. 80).

Weil die Feier der Trauung mehr ist als ein Zeremoniell

Manche sagen: »Auch wenn wir ohne Trauschein zusammenleben, so wollen wir doch das Gleiche, was andere am Altar versprechen. Wir brauchen jedoch nicht dieses Zeremoniell. Unsere Liebe geht nur uns etwas an.« Für einen gläubigen Katholiken ist es verhältnismäßig einfach, diesem Einspruch zu begegnen. Denn die Ehe ist natürlich nach katholischer Überzeugung mehr als nur eine Privatangelegenheit zwischen zwei Personen. Sie ist Zeichen, und zwar wirksames Zeichen des Bundes Gottes mit den Menschen, der unauflöslich ist, und eine Frucht der Lebenshingabe Jesu. Insofern ist sie alles andere als eine Privatangelegenheit zwischen zwei Personen. Hier geht es genauer gesagt um eine Dreierbeziehung, in die Gott mit einbezogen ist. Und der hat es seiner Kirche anvertraut, auf welche Art und Weise sich Mann und Frau das Sakrament der Ehe spenden.

Doch es gibt nicht nur eine »gläubige« Begründung dafür, dass die Eheschließung mehr als ein äußerliches Zeremoniell ist. Sie wurzelt in der schon mehrfach betrachteten leib-seelischen Konstitution des Menschen. Um es an einem einfachen Beispiel deutlich zu machen. Wenn ich jemandem etwas schenken möchte als Zeichen meiner Zuneigung, dann muss dieses Geschenk auch irgendwann übergeben werden. Ich kann es nicht irgendwo einfach nur stehen lassen und warten, dass es der, den ich beschenken will, an sich nimmt. Es bedarf einer expliziten ausdrücklichen Übergabe. Erst wenn das Geschenk, das ich für jemanden gekauft habe, übergeben habe, ist es wirklich geschenkt. Unsere Gedanken und Gefühle bedürfen des äußeren Ausdrucks. Unsere inneren Absichten müssen äußerlich kundgetan werden. Und so gibt es in allen Kulturen, auch den vor- und außerchristlichen, für die Eheschließung immer ein Zeremoniell, das zum Ausdruck bringt, dass es hier um eine bleibende Entscheidung geht, die nach außen hin auch wahrgenommen werden will. Nicht umsonst ruft der Geistliche bei der Trauliturgie den anwesenden Gläubigen zu: »Euch alle nehme ich zu Zeugen dieses heiligen Bundes.«

Vor diesem Hintergrund ist es nicht richtig, wenn denjenigen, die ihre Hochzeit feierlich begehen, generell unterstellt wird, sie täten dies nur um der Feier willen. Das Zeremoniell mit aller feierlichen Ausgestaltung entspricht einem urmenschlichen Verlangen. Es ist nichts äußerlich Aufgesetztes, sondern entspricht dem Innersten des Menschen. Wie opulent allerdings die äußerliche Gestaltung dieses wichtigen Zeremoniells ist, das ist eine andere Frage. Und hier gibt es legitimerweise ganz unterschiedliche Vorstellungen.

Wer ist der Richtige / die Richtige fürs Leben?

Dieser Frage nachzugehen, ohne konkrete Menschen im Blick zu haben, ist etwas schwierig. Es gibt hier auch nicht die Patentantwort oder eine Art Fragebogen, der zum Ergebnis führt, dieser oder jener, diese oder jene ist der oder die Richtige für mein Leben. Kann man also nichts zu der Frage sagen? Oder gibt es doch gewisse Hinweise, die hilfreich sind?

Ich denke, solche gibt es. Und sie möchte ich im Folgenden ein wenig ausführen. Wenn sich Freund und Freundin darüber Gedanken machen, ob sie heiraten sollen oder nicht, ob er oder sie wirklich diejenige Person ist, an die ich mich mein ganzes Leben lang binden möchte, dann können diese Hinweise helfen, Klarheit zu gewinnen.

Liebe auf den ersten Blick

Es gibt Ehepaare, die haben sich kennengelernt, sofort ineinander verliebt und kurze Zeit später geheiratet und führen ein glückliches Leben miteinander. Es gibt solche intuitive Erfassung der anderen Person, die mir sagt: Er oder sie ist der oder die Richtige.

Doch das muss keineswegs so sein, ja, es ist sogar die Ausnahme. Nicht selten muss er ihre Sympathie erst »erobern« – oder umgekehrt. Überstürzte Entscheidungen sind jedenfalls eher mit Skepsis zu betrachten. Allzu groß ist die Versuchung, auf »Wolke 7« schwebend die Vernunft auszuschalten und sich in ein Abenteuer zu stürzen. Für eine Ehe in guten und in bösen Tagen, in Gesundheit und Krankheit ist dies jedenfalls keine gute Grundlage.

Gemeinsame Interessen

Über das intuitive Angesprochensein von Freund oder Freundin hinaus ist es auf jeden Fall wichtig, dass sich Freund und Freundin »gut verstehen«. Was heißt das? Verständnis füreinander haben, bedeutet, gegenseitigen Zugang zum Inneren zu haben, zu dem, was den/die andere(n) bewegt, empfindet, aber auch denkt und interessiert. Eine statistische Untersuchung hat ergeben, dass die Ehen dann besonders stabil sind, wenn Mann und Frau einen gemeinsamen Geistes- und Interessenhorizont haben, wenn sie in der Lage sind, gemeinsam *etwas* zu tun, wenn sie sich gemeinsam für ein Thema, Hobby o. Ä. interessieren. Gerade in Zeiten, in denen die Gefühle füreinander allein nicht mehr tragen, sind gemeinsame Interessen von entscheidender Bedeutung. Denn darüber ist dann immer noch ein Sich-gut-Verstehen möglich. Dafür ist es wichtig, dass sich beide füreinander wirklich öffnen, aus ihrem Herzen keine Mördergrube machen und aus ihren Gedanken keine geheimnisumwitterte Burg.

Die Schwächen des anderen annehmen können

Es gibt keinen Menschen ohne Schwächen und Fehler. Wer so verliebt ist, dass er die Schwächen und Fehler des Geliebten nicht sieht, der ist tatsächlich durch die Liebe blind geworden. Schwächen gehören zum Leben, das ist eine Tatsache. Es ist daher wichtig, die Schwächen des anderen wirklich zu kennen und auch zu akzeptieren. Es geht nicht darum, sich einen Wunschmann oder eine Traumfrau zurechtzubasteln, sondern den Geliebten/die Geliebte so anzunehmen, wie sie/er ist, mit allen Ecken und Kanten. Und eine Illusion wäre es, darauf zu hoffen, dass diese oder jene Ecke sich abschleift und verschwindet. Im Idealfall kann es dazu kommen, doch sollte man nicht darauf bauen und Wohl und Wehe der Ehe davon abhängig machen. Mann und Frau, die vor der Entscheidung zur Ehe stehen, sollten davon ausgehen: »Er/Sie ändert sich nie mehr!« Erst wenn sie dann immer noch ja zueinander sagen können, sollten sie dies auch tun.

Miteinander glauben

Die Ehe ist eine allgemein menschliche Wirklichkeit und keine Erfindung der katholischen Kirche. In allen Kulturen gibt es die Eheschließung. Daher können auch Nichtglaubende ehrlich zueinander ja sagen und auch die Ehe als lebenslange Gemeinschaft zweier Liebender, die auf Fruchtbarkeit ausgerichtet ist, akzeptieren.

Und dennoch: Es gehört ebenso zur Wirklichkeit dieser Welt, dass wir Menschen schwach sind und uns, auf uns allein gestellt, die nötigen Kräfte fehlen, das Gute, das wir wollen, auch wirklich zu tun. Und hier birgt unser katholischer Glaube entscheidende Lebenshilfen in sich. Er eröffnet Wege zu Gott, auf dessen Hilfe wir angewiesen sind. Unser Glaube schenkt uns Wege zur Vergebung und Versöhnung, ohne die ein lebenslanges Miteinander nicht wirklich gelingen kann. Der katholische Glaube schließlich macht uns im Tiefsten klar, weshalb die Ehe unauflöslich ist, da sie den unauflöslichen Bund Gottes mit den Menschen darstellt. Erst der Glaube lässt im Tiefsten begreifen, weshalb es aus der Ehe kein Aussteigen gibt. In der bereits erwähnten statistischen Untersuchung wurde als weiterer Grund für eine stabile Ehe genannt: das gemeinsame religiöse Fundament der Ehepartner. Wenn dieser gemeinsame Glaube noch nicht da ist, so muss dies nicht so bleiben. Wichtig wären zumindest Respekt und ehrliche Offenheit für die religiöse Überzeugung der Ehefrau/des Ehemannes.

Wann heiraten?

Eine vieldiskutierte Frage ist auch die nach dem Zeitpunkt der Heirat. Allgemein ist die Tendenz festzustellen, dass die Hochzeit immer weiter hinausgezögert wird. Braut und Bräutigam sind durchschnittlich älter als in früheren Zeiten. Die Gründe dafür mögen unterschiedlicher Natur sein. Manche schrecken grundsätzlich vor einem solchen Schritt zurück angesichts der vielen Ehescheidungen. Kann man heute überhaupt noch diesen Schritt tun?, fragen sie sich. Andere wollen »auf Nummer Sicher gehen«. Sie entscheiden sich für die Ehe – wenn überhaupt – erst nach Jahren des Zusammenlebens. Wieder andere gehen einer festen Bindung aus dem Weg, entscheiden sich vielleicht erst für eine dauerhaftere Verbindung, weil der Partner Angst vor dem Verlassenwerden hat und sie »keine Unmenschen« sein wollen. Anders als früher haben heute meist beide Partner einen eigenen Beruf. Und oft steht die Ehe der freien Entfaltung der eigenen Karriere im Weg. Wann aber ist nun der richtige Zeitpunkt zum Heiraten? Hierauf lässt sich natürlich keine generelle Antwort geben. Es kommt auf die Personen an und ihre je eigene Entwicklung. Dennoch lassen sich auch hier einige Hinweise geben:

Es stimmt nicht, dass Eheschließungen im fortgeschrittenen Alter stabiler sind

Die Meinung, dass mit fortschreitender Reife auch die Reife der Entscheidungen und die Festigkeit der Bindung einhergehen, trügt. Statistisch ist dies jedenfalls nicht feststellbar. Hinzu kommt, dass mit zunehmendem Alter die Bindungsfreudigkeit abnimmt. Der Schritt in die Ehe darf nicht nur Ergebnis eines rationalen Abwägens aller Eventualitäten sein. Denn die entscheidenden Eventualitäten des Lebens lassen sich ohnehin nicht planen. Je etablierter man bereits in seiner Lebensentwicklung ist, desto mehr ist man in aller Regel auf Sicherheit bedacht, auf geregeltes Ein- und Auskommen. Alle möglichen Bedenken bekommen größeres Gewicht und hindern an einer von Herzen kommenden Entscheidung. Und eine solche Entscheidung bedarf auch eines gewissen jugendlichen Enthusiasmus. Jedenfalls lasse ich mir nicht einreden, Verlassenheitsängste, Steuergründe und Sicherheitsüberlegungen seien das genuine Milieu für wunderbare, zutiefst beglückende Ehen. Und wer so lange zuwartet, bis er Gewissheit hat, dass ihm niemand Tolleres mehr über den Weg läuft, sollte besser im Seniorenheim heiraten, wenn er dann noch die Kraft hat.

Mein Großvater kam als Neunzigjähriger mal mit einem jungen Mann ins Gespräch, der auch über seine Bedenken, die Ehe einzugehen, sprach, und dem sagte mein Großvater: »Junger Mann, wer allzu viel bedenkt, wird wenig leisten!« Sicher war mein Großvater kein Mensch, der junge Menschen zu leichtsinnigem Tun überreden wollte. Doch in seiner Weisheit wusste er, dass das Hin-und-her-Erwägen von Bedenken zu einem Teufelskreis werden kann, aus dem es kein Entrinnen mehr gibt.

Jung geschlossene Ehen sind keineswegs zum Scheitern verurteilt

Das soeben Gesagte bedeutet im Gegenzug natürlich, dass nicht jede jung geschlossene Ehe leichtsinnig und gedankenlos eingegangen wird. Hier gibt es großartige Beispiele von Ehepaaren, die bereits mit 18 oder 19 Jahren geheiratet haben und eine gute und treue Ehe führten und führen. Zu einer Lebensentscheidung gehört auch der Mut zur Entscheidung. Ohne ihn geht es nicht. Und den fassen junge Leute im Allgemeinen eher als gesetzte Zeitgenossen, die mit Baumelbrille ihre Papiere sortieren. Mit anderen Worten: Ich plädiere für mehr junge, mutige Ehen! Leute, lasst euch nicht einreden, man müsse mindestens 35 sein, um »so einen Schritt« verantwortlich zu unternehmen. Mit 35 seid ihr vielleicht in einem Zustand, in dem ihr alles könnt, bloß nicht mehr heiraten!

Klar ist allerdings auch: Der Entschluss zur Ehe sollte nicht einer Laune entspringen, einem unreifen Gefühlsrausch, einer übertriebenen Emotion. Braut und Bräutigam sollten sich ehrlich und gut prüfen, aber dann auch mutig die Entscheidung fällen. Klar müssen wir den jungen Leuten helfen, dass sie sich exzellent vorbereiten. Aber irgendwie muss mal ein Hochzeitsruck durch das Land gehen! Heiraten ist doch eine verdammt junge Sache! Heiraten dürfen kann doch kein Vorrecht von Tattergreisen sein! Die Liebe muss doch mal auf den Punkt kommen!

Die Höhe des Einkommens ist nicht entscheidend für den Zeitpunkt der Eheschließung

Die meisten gehen stillschweigend davon aus, dass eine Hochzeit erst dann in Frage kommt, wenn alle finanziellen Belange geklärt sind, der berufliche Werdegang in sicheren Bahnen verläuft und die Lebensplanung in ruhige Gewässer gerät. Die Ehe ist dann das i-Tüpfelchen einer »bürgerlichen Karriere«. Eine solche Mentalität ist noch relativ neu und, aufs Ganze der Weltgeschichte gesehen, weiß der Himmel, nicht die Regel, sondern – Gott sei Dank – eher die Ausnahme.

Ich halte sie ehrlich gesagt für schrecklich spießig. Denn die Lebensphase der jungen Erwachsenen sind in der Regel eher die Pionierjahre, die Jahre, in denen man sich beruflich und finanziell durchbeißen muss. Zum Jungsein gehört eben auch Enthusiasmus, Elan und auch ein Quentchen Abenteuerlust. Das etablierte Bürgerdasein – wer das braucht – ist einer späteren Lebensphase vorbehalten. Es kann sogar einer jungen Ehe gut tun, die Ehepaare in besonderer Weise zusammenschweißen, wenn sie gemeinsam eine mühevollere Zeit durchstehen und überwinden, wenn sie um ihr Durchkommen und An- und Auskommen ringen.

Kurzum: Wenn sich Braut und Bräutigam füreinander entschieden haben, dann sollten sie auch dann ihren Schritt tun, wenn sie noch nicht im bürgerlichen Mekka angelangt sind.

Glückliche Ehen beginnen mit einer mutigen Verlobung

Mann und Frau, die sich verloben, geben einander die feste Absicht kund, heiraten zu wollen. Es ist noch nicht der Schritt letzter Verbindlichkeit. Doch sie machen sich und anderen klar: Wir meinen es ernst miteinander, wir haben die feste Absicht zu heiraten. Wir wollen immer beieinanderbleiben. Seit längerer Zeit ist die Verlobung etwas aus der Mode gekommen. Und doch ist sie ein hilfreicher Schritt auf dem Weg zur Ehe. Wem das Ja-Wort, das Du und Du für immer, vielleicht ein allzu kühner Schritt ist, der kann sich dieser großen Entscheidung durch die Verlobung annähern, vor dem großen Schritt der Eheschließung noch einen kleineren Schritt der Verlobung einfügen. Und Menschen, die sich ohnehin schwertun, sich im Leben zu entscheiden, ist die Verlobung dann auch ein mahnendes Zeichen: Du musst dich entscheiden. Wer sich alle Wege offenhalten will, geht schließlich keinen, der bleibt auf der Stelle stehen. So kann die Verlobung eine Hilfe sein, die endgültige Entscheidung mit Elan anzugehen.

Hochzeit ist ganz innen

Wenn dann schließlich der Zeitpunkt feststeht, an dem es an den Traualtar gehen soll, ist es gut, die Zeit bis dahin gründlich zu nutzen. Manche meinen, sie würden sich den größten Dienst erweisen, wenn sie von Hochzeitsmesse zu Hochzeitsmesse tingeln, Hotels testen und Bands abchecken. Aber das ist ein fataler Irrtum. Ich habe zu viel

»perfekte« Hochzeiten erlebt, an die ich mich nicht mehr erinnern möchte, weil es diese Ehen höchstens noch im Himmel gibt. Die Protagonisten tingeln vielleicht gerade wieder mit neuen Partnern über neue Hochzeitsmessen.

Naturgemäß ist die Zeit vor einem solchen Schritt eine positive Zeit, eine Zeit der Wachsamkeit. Es ist eine aufregende und schöne Zeit. Den Elan dieser Zeit gilt es zu nutzen. Sicher sollte der Tag der Trauung ein feierlicher Tag sein. Eine festlich gestaltete Liturgie bringt zum Ausdruck, um welch großes Ereignis es hier geht, wenn sich Gott ein konkretes Ehepaar aussucht, lebendige Zeugen seines ewigen und unkündbaren Liebesbundes mit den Menschen zu sein, wie bedeutsam es ist, dass er Mann und Frau zu einer unlösbaren Gemeinschaft verbindet.

Doch noch wichtiger als die äußerliche Festlichkeit dieses Gottesdienstes ist die innere Vorbereitung darauf. Der Geistliche, der nach westkirchlichem Verständnis lediglich »assistiert«, wenn die Brautleute das Entscheidende selbst tun, indem sie sich am Altar das Ja-Wort geben und sich damit gegenseitig das Sakrament der Ehe spenden, dieser Geistliche ist gehalten, die Brautleute darauf vorzubereiten. Formal bedeutet dies, dass er alle mit den Inhalten der Ehe zusammenhängenden Fragen besprechen und schriftlich dokumentieren muss, dass die Ehepaare darum wissen und die Inhalte der Ehe bejahen. Doch ist dies weit mehr als eine Formalie. Hier ist die Gelegenheit, wirklich in einen intensiven Austausch über die Bedeutung der Ehe zu kommen, über Hilfen zu sprechen, wie das Ja-Wort im Leben einzulösen ist.

Mein Tipp an die Brautleute: Bitten Sie den Geistlichen um eine gute Vorbereitung, zu der er und auch Sie sich Zeit nehmen müssen. Und im Rahmen dieser Vorbereitung hat dann auch die äußerliche Gestaltung der Liturgie bis hin zur Text- und Liedauswahl ihren Platz, wenn auch nicht an erster Stelle. Und wenn Sie es noch toller und noch intensiver wollen: Gehen Sie eine Woche in die Stille, in ein Kloster vielleicht – meditieren Sie, beten Sie, bitten Sie Gott auf den Knien um seinen reichen, überreichen Segen für Ihr tolles gemeinsames Projekt! Denn eines kann ich Ihnen versichern: Hochzeit ist nicht in der Torte! Hochzeit ist ganz innen!

Wie treu bleiben?

*Sich zurücknehmen,
dem anderen Freude machen*

»Treue ist bewährte Liebe«, sagt man. Was sich Mann und Frau am Traualtar versprochen haben, muss sich im Alltag bewähren. Das große Wort von der Hingabe realisiert sich in vielen kleinen Akten, in Haltungen und Gesten, in den immer wieder neuen Beginnen, sich einander zu schenken und anzunehmen, jeden Tag, ein Leben lang. Treue bedeutet von daher anfangen, jeden Tag aufs Neue und niemals damit aufhören. Was kann nun helfen, diese Treue im Alltag zu leben? Was kann dazu beitragen, dass Hingabe nicht nur ein großes Wort ist, sondern sich auch in Taten verwirklicht?

Zunächst neigen wir dazu, unseren Mitmenschen mit hohen, wenn nicht überzogenen Erwartungen zu begegnen. Das gilt auch für den Ehepartner, die Ehepartnerin. Wenn dann die Realität anders aussieht als die Erwartung, kann es zu großen Enttäuschungen kommen. Gegenseitige Erwartungen sind nicht unbedingt eine Hilfe, das Ja-Wort im Leben umzusetzen. Am schnellsten richtet man eine Ehe zugrunde, wenn man sich jeden Morgen ins Ohr flüstert: »Du sollst mein Himmel sein!« Das schafft man selbst dann nicht, wenn man ein Muster an Tugend ist und dazu noch aussieht wie Brad Pitt oder Halle Berry. Besser und hilfreicher ist es, bestimmte Erwartungen an sich selbst zu richten: »Was kann ich tun, um meiner Frau/meinem Mann zu gefallen, ihm gut zu sein?« Die Perspektive ändert sich mit einem Mal. Und wenn es dann zu Enttäuschungen kommt, dann sind es die Enttäuschungen über mich selbst, dass es mir offensichtlich doch nicht gelungen ist, jene Freude zu schenken, die ich mir eigentlich vorgenommen habe.

Hier haben wir es mit unserer alten Versuchung zu tun, uns selbst in den Mittelpunkt zu stellen, den eigenen Egoismus über alles zu stellen und dann erst nach dem Du zu fragen. Liebe bedeutet, wie wir bereits gesehen haben, das Zurückstellen des eigenen Ichs zugunsten des Du. Und das in dem Bewusstsein, dass ich selbst dabei nicht zu kurz komme, sondern dass es für mich keine größere Erfüllung geben kann, als zu wissen, wie sehr ich mit meiner Liebe andere bereichern und beglücken kann.

Die tägliche Treue ist damit aber auch immer ein Akt der Demut, des Zurücknehmens des eigenen Ichs. Nicht das Durchsetzen der eigenen Ideen und Launen um jeden Preis, sondern das Ringen um einen gemeinsamen Willen ist vonnöten. Das kann manchmal schwer sein, gerade wenn es um Personen geht, die einen ausgeprägten Willen haben. Das wird nicht gehen, ohne die Fähigkeit zu entwickeln, um Vergebung zu bitten und Vergebung zu schenken. Denn wir Menschen bleiben, so verliebt wir auch sein mögen, Menschen, die dazu neigen zu sündigen. Und Sünde kann nur durch Vergebung, einen Neuanfang gelöst werden.

Zeit füreinander aufbringen

Im Alltag der Ehe kann es leicht passieren, dass sich Mann und Frau, ohne eigentliche eine böse Absicht dabei zu haben, über der beruflichen und privaten Betriebsamkeit zu wenig Zeit füreinander nehmen. Beide haben ihre eigenen Verpflichtungen, sind vielleicht abends müde und abgekämpft, haben den »Kopf voll«, müssen abschalten und verbringen die gemeinsame Zeit mit den Kindern oder vor dem Fernseher, der natürlich jedes Gespräch im Keim erstickt.

Man sagt, Ehepaare sollten sich täglich eine halbe Stunde zweckfreie Zeit füreinander nehmen. Eigentlich hört sich das recht einfach an. Doch scheint es schwieriger, als man denkt. Geschockt hat mich die Nachricht von Kommunikationswissenschaftlern, das deutsche Ehepaar würde im Schnitt etwa 8 (!) Minuten am Tag miteinander reden. Fragen Sie einmal Ehepaare in Ihrer Umgebung, ob sie sich diese Zeit wirklich füreinander nehmen, eine Zeit, in der sie sich gegenseitig zuhören, sich füreinander interessieren und versuchen, einander am Leben des jeweils anderen teilnehmen zu lassen. Ich kenne ein Paar, das so etwas konsequent versucht, obwohl drei Kinder da sind. Die beiden gehen Abend für Abend eine halbe Stunde miteinander spazieren, ob es nun regnet oder schneit – und zwar ohne Kinder. »Wir brauchen das«, sagen die beiden, »sonst würden wir das Gefühl füreinander verlieren.« Und – habe ich mir von den beiden sagen lassen – sie streiten häufig auf diesen Spaziergängen. »Streiten«, so sagte mir der Mann, »ist eine Form der Suche nach Nähe. Wenn wir uns gleichgültig wären, würden wir Friede, Freude, Eierkuchen machen.«

Wenn es sich einschleicht, dass diese gemeinsame Zeit immer häufiger nicht mehr da ist, dann können sich die Ehepartner schneller, als ihnen lieb ist, fremd werden. Das ist ein gefährlicher Weg, der nicht selten in die Entfremdung und dann auch in »fremde Betten« führt.

Gemeinsame Ziele kultivieren

Die Erfahrung zeigt, dass eine menschliche Gemeinschaft, eine Gemeinschaft von Personen, dann besonders stabil ist, wenn sie ein gemeinsames Ziel hat, wenn sie sich nicht nur miteinander beschäftigen, sondern gemeinsam etwas erreichen wollen. Bildlich gesprochen tut es vor diesem Hintergrund auch den Ehepaaren gut, wenn sie nicht nur sich anschauen, sondern gemeinsam in eine Richtung blicken – solange dies nicht der Fernseher ist, sondern ein gemeinsames Ziel.

Das natürliche gemeinsame Ziel von Mann und Frau ist die Familie, auf die wir noch genauer zu sprechen kommen. Doch darüber hinaus tut es gut, gemeinsame Interessen zu kultivieren, ob intellektueller oder sportlicher Art, ob in Kirche oder Gesellschaft. Wenn Mann und Frau gemeinsam etwas tun, führt dieses Etwas auch Mann und Frau enger und fester zusammen.

Den um Hilfe bitten, der alle Hilfe zugesagt hat

Neben diesen menschlichen Tipps, die es erleichtern, die Treue zu wahren, kommt es auch darauf an, die Hilfen in Anspruch zu nehmen, die wir uns selbst nicht geben können. In der Eheschließung hat Gott Mann und Frau miteinander verbunden, und er hat alle Hilfen und Gnaden zugesagt, dass sie in Treue leben können und tatsächlich Zeugen seines Liebesbundes mit den Menschen werden. Hier gilt es nun Gott beim Wort zu nehmen. Gott hilft, wenn man ihn darum bittet. Er mischt sich nicht ungefragt in unser Leben, er wird nur unser Herz ergreifen, wenn wir es ihm öffnen. Tagtäglich streckt er uns seine Hand entgegen. Wir müssen sie nur ergreifen.

Hier gilt dasselbe wie bei der Vorbereitung auf die Ehe: Das Gebet ist von entscheidender Bedeutung. »Mit Gott fang an, mit Gott hör auf, das ist der beste Lebenslauf«, heißt es in einem alten Sprichwort. Es ist ein gutes Sprichwort, so einfach es auch ist. Neben dem persönlichen Gebet, das die Ehepaare auch für sich selbst pflegen sollten, ist es auch gut, eine gemeinsame Gebetskultur zu entwickeln, täglich am Morgen und/oder Abend gemeinsam zu beten, vielleicht sogar in einem frei formulierten Gebet. Nach meiner Erfahrung tun sich damit nicht nur Ehepaare schwer. Dennoch ist es wichtig, eine gemeinsame eheliche Spiritualität zu entwickeln. Dazu kann auch helfen, gemeinsam in der Heiligen Schrift zu lesen und darüber zu sprechen, gemeinsam sich im Glauben weiterzubilden und sein Wissen zu vertiefen. Noch ein kleiner Hinweis: Wer schon einmal in Taizé war (ein Ort, an dem man wunderbar seinen Glauben vertiefen kann), weiß, dass man sich unter www.taizé.fr einen Brief bestellen kann, in dem man für jeden Tag eine Schriftstelle findet. Ich kenne viele Paare, die sich Morgen für Morgen aus dieser (oder einer anderen) Quelle mit einer Inspiration für den Tag versorgen.

Grundlegend ist eine lebendige Teilnahme am sakramentalen Leben der Kirche. In der heiligen Eucharistie wird der am Kreuz geschlossene Bund Gottes mit den Menschen aktuelle Gegenwart, jener Bund, der sich im Bund der Ehepaare widerspiegelt und wie ein Spiegel eben nur das Bild wiedergeben kann, das er eingefangen hat, so kann auch die Ehe nur den Bund Gottes mit den Menschen wiedergeben, wenn sie ihn »eingefangen«, wenn sie ihn empfangen hat. Ich weiß, jetzt werde ich fromm, aber ich sage es trotzdem: Gehen Sie doch ab und an einmal an einem ganz normalen Tag in eine Heilige Messe – weil ein Kind gerade Geburtstag hat oder weil sie ein bisschen Hilfe von oben gerade gut gebrauchen könnten oder einfach nur so... Sie vereinigen sich mit der stärksten Kraft, die es auf der Erde gibt – mit Jesus, der alle Niederlagen, ja sogar den Tod überwunden hat!

Ebenso unschätzbar wie unverzichtbar ist das Bußsakrament, das Sakrament der Versöhnung des Menschen mit Gott. Wir haben bereits mehrfach angedeutet, dass wir Menschen unvollkommen sind: »Denn siebenmal am Tag fällt der Gerechte und steht wieder auf« (Spr 24,16). Es ist keineswegs so, dass wir unsere Grundfehler irgendwann einfachhin abhaken könnten. Manche Fehler begleiten uns ein Leben lang wie ein dunkler Schatten. Immer und immer wieder werden wir in dieselbe Falle tappen. Gott weiß das – und er nimmt uns in seiner Barmherzigkeit immer wieder neu an und schenkt uns die nächste Chance, die wir in dankbarer Demut und mit nüchterner Einschätzung unserer Kräfte annehmen sollten. Siebenmal werden wir fallen, aber wir dürfen auch siebenmal am Tag wieder aufstehen und neu anfangen. Christ sein bedeutet neu anfangen, ebenso wie treu sein neu anfangen bedeutet.

Niemals haben wir im Leben etwas unverbrüchlich, immer wieder verkapseln wir uns in uns selbst und sündigen. Auf uns gestellt, kämen wir aus diesem Teufelskreis nicht heraus. Das Bußsakrament bricht diesen Teufelskreis auf. Vergebung bedeutet das restlose Wegnehmen aller Schuld und Sünde. Diese Reinigung von Grund auf beschenkt uns mit der Gnade, mit neuem Schwung anzufangen. Die Ehepaare tun gut daran, dieses Sakrament regelmäßig zu empfangen und, wenn sie es vergessen haben, es wieder zu entdecken. Die Sakramente sind eine Art Wellness-Programm für die Seele. Sie reinigen und entschlacken, sie stärken und machen geschmeidig, sie schenken geistliche Erholung, um mit neuer Kraft und unverkrampft den Weg fortzusetzen.

Und noch ein letzter Tipp: Gehen Sie öfter mal auf Wallfahrt! Pilgern Sie! Suchen Sie sich einen Ort, der Ihnen Kraft gibt. Was das ist, wie das geht und was Sie da alles tun können, verrate ich Ihnen nicht. Sie haben ja Internet. Nein, so viel möchte ich doch verraten: Es hilft Ihnen beiden (wieder) auf die Beine!

Von der Ehe zur Familie

Kinder ja – aber wie viele?

In unseren Überlegungen haben wir bereits bedacht, dass die Institution Ehe nicht erst eine Erfindung des Christentums ist, sondern in die vorchristliche Zeit zurück reicht, ja in den Beginn der Schöpfung hinein. Schon in der Schöpfungsgeschichte wird uns geschildert, wie Gott Mann und Frau geschaffen hat, damit sie füreinander da sind, aber auch dafür, dass sie an seiner Schöpferkraft mitwirken und dazu beitragen, dass das Leben weitergegeben wird: »Seid fruchtbar und vermehrt euch«, lautet der klare Auftrag des Schöpfers (Gen 1,28). Die Verbindung von Liebe und Fruchtbarkeit ist tief in unsere leibliche Struktur eingeschrieben. Denn die eheliche Vereinigung ist nicht nur Ausdruck der gegenseitigen Hingabe von Mann und Frau. Untrennbar damit verknüpft ist die Weitergabe des Lebens. Von daher wäre ein prinzipieller Ausschluss der Nachkommenschaft ein Hindernis für die Ehe. Sie würde nicht wirklich zustande kommen, wenn sich Mann und Frau vorbehielten, keine Kinder bekommen zu wollen. Ich sage es einmal in Computersprache: Das Nein zu Kindern ist wie ein Virus im Betriebssystem Ehe. Unser System heißt Liebe – und es läuft, weil und wie Gott es auf unsere Hardware installiert hat. Die Liebe Gottes ist fruchtbar, und er lässt die Ehepaare an dieser Fruchtbarkeit teilhaben. Er macht sie zu Mitarbeiterinnen und Mitarbeitern an seiner Schöpfung.

Kinder sind also vor diesem Hintergrund nicht eine beliebige Zugabe zur Ehe. Zumindest die Bereitschaft, die Kinder anzunehmen, die Gott schenken möchte, ist notwendiger Bestandteil der Ehe. Deinstallieren dieses Teils geht nicht. Es ruiniert das ganze Betriebssystem.

Wir erleben in unserer Gesellschaft, dass der Kinderwunsch erschreckend an Bedeutung verliert und immer weiter hinausgeschoben wird. Erst wenn alle anderen Wünsche erfüllt sind, beruflicher oder finanzieller Natur, dann kommt der Kinderwunsch an die Reihe. Sozusagen als Abrundung des Portfolios. Welche Gründe es auch immer für die mangelnde Offenheit für das Geschenk Kind geben mag – ihr Effekt ist eine Katastrophe, denn er verzerrt, ja zerstört Sinn und Bedeutung der Ehe. Kinder werden dann de facto als nette Zugabe betrachtet, und auf Zugaben kann man auch verzichten. Selbst ein Priester muss sich anhören, dass ihm eine junge, dynamische Frau ins Gesicht sagt: »Kinder? Tu ich mir nicht an!« Die junge Frau, die das sagte, hatte keineswegs den Eindruck, fundamental auf dem falschen Dampfer zu sein. Inzwischen frage ich mich: Gibt es einen Zusammenhang zwischen dem immer weiter hinausgeschobenen Kinderwunsch und der Tatsache, dass immer mehr Ehen zerbrechen? Kinder tragen zur Stabilität der Ehe bei, das ist statistisch erwiesen. Ausschluss der Nachkommenschaft destabilisiert sie dementsprechend.

Die Frage nach dem Ja zur Nachkommenschaft ist mehr als eine Privatangelegenheit von Mann und Frau. Sie stehen im Auftrage des Schöpfers, der gerade durch die Ehepaare den Fortbestand der Schöpfung sichern möchte. In welche Probleme eine Gesellschaft gerät, in der die Ehepaare ihr ja zur Nachkommenschaft verweigern, sehen wir gegenwärtig in unserer westlichen Gesellschaft. Die Kirche hat die Ehepaare immer an ihren Schöpfungsauftrag und an ihre Verantwortung erinnert und sie ermutigt, hochherzig »ja« zum Kind zu sagen. Dabei können nur sie selbst über die Anzahl der Kinder entscheiden. Hier kann ihnen niemand Vorschriften machen. Auch die Kirche tut das nicht, wenn sie auch das herrliche Wort »hochherzig!« in den Ring wirft. Es gehört in die Verantwortung der Ehepaare unter Berücksichtigung auch der physischen, psychischen, medizinischen und sozialen Faktoren, über die Anzahl ihrer Kinder zu entscheiden. Wichtig ist nur, dass dies geschieht in der positiven Annahme dieses genannten Schöpfungsauftrages in dem Bewusstsein, dass sie als Ehepaare in dieser Schöpfung, gerade was ihren Bestand angeht, eine große Verantwortung und einen wichtigen Auftrag innehaben.

Was genau sind solche Kriterien, die als Grundlage für eine verantwortete Entscheidung über die Anzahl der Kinder dienen sollen? Von großer Bedeutung sind hier zunächst die Gesundheit und das Wohlergehen der Ehefrau und Mutter. Ihre physische und psychische Konstitution kann nicht eine unbegrenzte Anzahl von Kindern »verkraften«. Auch finanzielle Belange haben ihre Bedeutung. Nun ist es nicht nötig, hier überzogene Maßstäbe anzulegen nach dem Motto: Wir möchten nur so viele Kinder, dass wir auch weiterhin zweimal im Jahr in Urlaub fahren können, jedes Jahr ein neues Auto kaufen und und und ... Dennoch erfordert eine angemessene Erziehung der Kinder auch ein Mindestmaß an sozialer Ausstattung. Es gehört zur verantworteten Elternschaft, diese Kriterien mit zu berücksichtigen, ohne allerdings hier in eine falsche Ängstlichkeit und in ein übertriebenes Sicherheitsdenken zu geraten. In aller Regel spielt Wohlstand nur eine untergeordnete Rolle für eine gute Entwicklung der Kinder.

Empfängnisverhütung – der einfache Weg?

Damit sind wir bei der Frage der Geburtenregelung angelangt. Gerade in dieser Hinsicht hat das vergangene Jahrhundert geradezu eine Revolution gebracht. War bis in die 60er Jahre hinein Kinderreichtum von fünf und mehr Kindern die Regel, so hat die revolutionäre Entwicklung im Bereich der empfängnisverhütenden Mittel diese Situation maßgeblich verändert. Ohne große Mühen konnte seit den 60er Jahren beispielsweise durch die sogenannte Pille die Geburt nicht nur geregelt, sondern schlicht gestoppt werden. Eine durch medizinischen Eingriff hervorgerufene Sterilisation erzeugt unumkehrbar Unfruchtbarkeit. In großen Öffentlichkeitskampagnen wurde und wird – vor dem Hintergrund der Aids-Problematik – für die Nutzung von Kondomen geworben. Die Anwendung empfängnisverhütender Methoden ist längst Selbstverständlichkeit geworden, es geht nur noch darum, welche. Das kritische Wort der Kirche zum Stand der Dinge wird teilweise mit Zorn, teilweise müde lächelnd abgelehnt.

Jetzt, 40 Jahre nach der Entwicklung der Pille, können wir eine erste Bilanz ziehen. Objektiv feststellbar ist seit dieser Zeit der rapide Geburtenrückgang in Europa, der mittlerweile für die demographische Entwicklung der westlichen Gesellschaften dramatische Folgen hat. Mit einer Geburtenrate von 1,4 Kindern bildet in Europa Deutschland das Schlusslicht. Nicht nur die Altersversorgung gerät zunehmend ins Wanken, das gesamte gesellschaftliche Gefüge gerät buchstäblich aus den Fugen. Immer weniger junge Menschen stehen immer mehr älteren gegenüber.

Doch über diese gesellschaftlichen Auswirkungen, die einer eigenen Untersuchung bedürften, können wir die

Frage stellen: Lassen sich auch Folgen für Ehe und Familie erkennen? Tatsache ist, dass seit der Einführung der Pille Untreue und Ehebruch, außerehelicher Sexualverkehr und all das, was wir mit der sexuellen Revolution verbinden, folgenlos und scheinbar auch »gefahrlos« möglich ist. Musste vor der Pille immer noch die Sorge im Hintergrund da sein, es könnte ja ein Kind entstehen, so scheint diese Angst mit einem Mal gebannt. Es wäre zu einfach, das Scheitern vieler Ehen darauf zurückzuführen. Zu Recht könnte eingewandt werden, es gibt so und so viele Ehen, die gelingen, obwohl die Geburten durch empfängnisverhütende Mittel kontrolliert werden. Ganz sicher kann man nicht sagen, jede Ehe sei gefährdet, in der Empfängnisverhütung angewandt wird. Und doch: Die Loslösung der Sexualität von der Fruchtbarkeit bringt sie in gewissem Sinn aus dem Gleichgewicht. Wurde der Wunsch nach sexueller Befriedigung gebremst durch das Bewusstsein, dass das Ergebnis ein Kind sein könnte, so ist nun diese Bremse entfallen. Und wir haben bereits in anderem Zusammenhang gesehen, dass ungebremste Sexualität sich rasch aufblähen und einen Platz einnehmen kann, der ihr nicht gebührt. Denn sexuelle Begierde an sich ist unersättlich und kann die Liebe verdrängen.

Auch aus medizinischer Sicht sind längst substanzielle Zweifel da, ob es wirklich gut sein kann, dass Frauen über Jahre hinweg durch chemische Präparate in den hormonellen Ausnahmezustand einer Schwangerschaft versetzt werden. Es hat schon groteske Züge, dass im Konsum von Lebensmitteln immer schärfer auf biologisch reine und saubere Ware geachtet wird, aber die dauernde Einnahme von massiven Hormonpräparaten kritiklos propagiert wird. Das hormonbehandelte Schweinefleisch wird vom Markt genommen, aber den Frauen wird zugemutet, sich ständig hormonell manipulieren zu lassen. Ich halte das für ziemlich frauenfeindlich.

Doch neben diesem eher äußerlichen Zweifel an der Richtigkeit der derzeit weithin praktizierten Empfängnisverhütung gibt es massive Bedenken sozusagen von innen her, nämlich vom Sein des Menschen her, wie Gott ihn gemeint hat. Es sind Bedenken, die vom Sinn der Sexualität her vorgetragen werden: Wir haben diesen Sinn nicht gemacht, können ihn auch nicht neu erfinden oder nach Gusto verändern. Er ist uns vorgegeben. Wirklichkeit rächt sich, wenn man manipulativ gegen sie vorgeht (wie wir gerade nicht nur in der Klimafrage sehen). Wie sieht es mit der Empfängnisverhütung von dieser Warte aus gesehen aus? Wie ein roter Faden zieht sich durch unsere Überlegungen die Grundtatsache, dass der Mensch eine Einheit von Leib und Seele ist. Geist und Leib greifen ineinander und durchdringen einander, sind aufeinander angewiesen und lassen sich nicht voneinander trennen. Wir haben gesehen, dass der Leib eine eigene Dynamik hat, die in das Ganze der Person integriert werden will. Der Leib weist über sich hinaus, und der Geist ist nicht losgelöst vom Leib zu begreifen. So hat die Sexualität von ihrer leiblichen Dimension aus gesehen den Sinn, den Bestand der Menschheit zu sichern, Leben weiterzugeben. Zugleich ist sie aber mehr, sie ist Ausdruck und Verwirklichung der besonderen Liebe zwischen Mann und Frau. Die Sexualität ist nicht einfach ein Mechanismus zur »Produktion« von Nachkommenschaft. Sie ist vielmehr Ausdruck eines leiblich-seelischen Sich-Schenkens der Ehepaare.

Und hier kommen wir nun an eine entscheidende Stelle: Weitergabe von Leben und Mitteilung von Liebe. Das sind zwei Sinngehalte der Sexualität, die so eng miteinander verknüpft sind, wie Leib und Seele im Menschen miteinander verbunden sind. Das heißt, so wenig wir Leib und Seele auseinanderdividieren können, so wenig können und dürfen wir diese beiden Sinngehalte auseinanderdividieren. Sie sind uns vorgegeben und unserer Manipulation entzogen. Genau diese Manipulation geschieht im Akt der Empfängnisverhütung. Warum? Empfängnisverhütung hat zum Ziel, den Sinngehalt der Sexualität als Weitergabe des Lebens »unschädlich« zu machen, zu neutralisieren. Das Sexualverhalten soll nicht durch diesen Sinngehalt eingeengt oder eingeschränkt werden.

Die »Künstlichkeit« der Empfängnisverhütung liegt also nicht daran, dass »künstlich« Chemikalien angewendet werden. Mit diesem Argument dürfte ja der Mensch überhaupt keine Medikamente zu sich nehmen. Die Künstlichkeit der Empfängnisverhütung besteht darin, dass die beiden Sinngehalte, die vom Schöpfer dem Menschen vorgegeben sind und so untrennbar miteinander verbunden sind wie Leib und Seele, künstlich getrennt werden. Der Sinn der Sexualität wird manipuliert und nach menschlichen Wünschen zurechtgestutzt. Dies geschieht durch die Einnahme der Pille ebenso wie durch die Anwendung von Kondomen oder die Sterilisation.

Hat dies nun zur Konsequenz, dass Geburtenregelung generell unerlaubt ist? Müssten es also die Ehepaare dem Zufall überlassen, wie groß die Zahl ihrer Nachkommenschaft ist? Oder gibt es doch eine Möglichkeit zur verantworteten Elternschaft, ohne Empfängnisverhütung anzuwenden?

Warum es bei der natürlichen Empfängnisregelung stimmt

Wir gehen davon aus, dass ein Ehepaar keine weiteren Kinder bekommen sollte aus legitimen und nachvollziehbaren Gründen, nicht aus jenen mangelnder Großherzigkeit. Hier bietet die sogenannte natürliche Empfängnisregelung einen Weg, die Fruchtbarkeit zu regeln, ohne dabei die Sinngehalte der Sexualität zu manipulieren. Warum?

Natürliche Empfängnisregelung beschreitet den Weg periodischer Enthaltsamkeit. Das heißt, die Ehepaare leben während der fruchtbaren Tage der Frau enthaltsam. Auf diese Weise vermeiden sie eine weitere Schwangerschaft. In früheren Zeiten war dafür die sogenannte Knaus-Ogino-Methode bekannt, die allerdings höchst unsicher war und der viele derjenigen, die in den 50er oder 60er Jahren geboren wurden, ihr Leben verdanken. Längst ist die periodische Enthaltsamkeit als Methode so verfeinert worden, dass sie zu den sichersten gehört (vgl. Josef Rötzer, Natürliche Empfängnisregelung, [30]2006).

Aber – so werden jetzt viele fragen – wo liegt denn der Unterschied zwischen Empfängnisverhütung und der natürlichen Empfängnisregelung? Sind das nicht nur unterschiedliche Methoden? Beide wollen doch das Gleiche: keine weiteren Kinder.

Nun, der Zweck heiligt nicht die Mittel. Es ist eben beispielsweise ein Unterschied, ob ich Geld verdienen will, um ein Haus zu bauen, und dies auf legale Weise tue, oder ob ich dieses Geld durch unsaubere Geschäfte herbeischaffe. Wo liegt aber nun der Unterschied zwischen Empfängnisverhütung und natürlicher Empfängnisregelung?

Natürliche Empfängnisregelung manipuliert die Sexualität nicht. Im Gegenteil, sie weiß um ihre fruchtbare

Dimension, und die Ehepaare richten ihr Leben dementsprechend ein. Ihr Respekt vor der Fruchtbarkeit der Sexualität zeigt sich darin, dass sie in den fruchtbaren Tagen der Frau enthaltsam leben. Nicht die Fruchtbarkeit wird unschädlich gemacht, sondern die sexuelle Betätigung eingeschränkt. Bei der Empfängnisverhütung wird die Sexualität selbst manipuliert, bei der natürlichen Empfängnisregelung ändern die Ehepaare ihr Verhalten. Nicht die Sexualität wird zurechtgeschneidert, bis sie den Wünschen des Menschen entspricht, sondern der Mensch ändert sein Verhalten, um die Sexualität in ihren Sinngehalten zu respektieren. Diese Verhaltensänderung geschieht über die Anwendung einer Tugend.

Wir haben bereits an anderer Stelle gesehen, dass die Fähigkeit zur Enthaltsamkeit notwendig ist, wenn Liebe wachsen soll. Hier zeigt sich, dass natürliche Empfängnisregelung mehr ist als eine Methode, sie ist eine Lebensform. Sie fordert von Ehemann und Ehefrau ein hohes Miteinander. Natürliche Empfängnisregelung kann nur von Ehefrau und Ehemann gemeinsam gelebt werden. An die Stelle der ständigen Verfügbarkeit der Frau für die sexuellen Wünsche des Mannes tritt die Notwendigkeit eines gemeinsamen Handelns in Respekt voreinander. Ja, in der Tat, periodische Enthaltsamkeit fordert von den Ehepaaren mehr als Empfängnisverhütung. Wäre dem nicht so, würde ohnehin natürliche Empfängnisregelung von jedem praktiziert. Natürliche Empfängnisregelung ist der anspruchsvollere Weg. Aber Liebe ist ja in all ihren Dimensionen anspruchsvoll. Sie fordert viel, aber sie fördert den Menschen.

So ist periodische Enthaltsamkeit als Weg der natürlichen Empfängnisregelung ein Weg, der dem Schöpfer entspricht, da er die Sinngehalte der Sexualität, die er in den Menschen eingeschrieben hat, respektiert. Sie entspricht dem Geschöpf selbst, das nicht manipuliert wird, sondern seinem Sinn gemäß lieben kann.

Von einer ganz unverdächtigen Seite wird die natürliche Empfängnisregelung mittlerweile gefördert, nämlich von den feministischen Bewegungen. Längst hat sie die Einführung der Pille als Meilenstein in der »Knechtung« der Frau erkannt, die ständige Verfügbarkeit für den Mann ermöglicht. Aus der ökologischen Bewegung wird ebenfalls die hormonelle Manipulation der Frau durch die Pille abgelehnt. Natürliche Empfängnisregelung entspricht nicht nur dem Sinn der Sexualität, die Gott eingestiftet hat. Sie entspricht dem ganzen Menschen, dem keine körperlichen Vergiftungen zugemutet werden können.

Kinder sind ein Geschenk

Nun gibt es nicht nur den Wunsch, weitere Schwangerschaften zu vermeiden, sondern ebenso den sehr lebendigen und intensiven Wunsch, Kinder zu bekommen, was nicht immer gelingt. Nachkommenschaft ist eben auch ein Geschenk und nicht erzwingbar. Nun wird der medizinische Fortschritt von da aus gesehen auch nicht ausschließlich darauf verwandt, Empfängnis zu verhüten, sondern auch, sie zu ermöglichen. Künstliche Befruchtung ist so entstanden. Ist dies ein Weg? Können wir vom moralischen Standpunkt aus den Weg der künstlichen Befruchtung akzeptieren, um das verständliche und absolut positive Ziel der Nachkommenschaft zu erreichen?

Hier gelten konsequenterweise die gleichen Grundlagen wie bei der Frage der Empfängnisregelung. Die beiden Sinngehalte der Sexualität – Weitergabe des Lebens und

Mitteilung von Liebe – dürfen nicht voneinander getrennt werden. Und genau dies geschieht in der künstlichen Befruchtung. Hier wird die Fruchtbarkeit vom Akt der

Liebe getrennt. Die Schwangerschaft ist nicht Ergebnis des Liebesaktes, sondern einer medizinisch technischen Handlung. Von daher müssen wir aus denselben Gründen, aus denen Empfängnisverhütung abgelehnt wird, auch die künstliche Befruchtung ablehnen.

Abgesehen davon führt die künstliche Befruchtung zu enormen ethischen Problemen. Immer werden nämlich »überzählige« Embryonen »produziert«, und Embryonen sind Menschen, die dann zum Tod verurteilt sind. Kinder haben Anspruch, aus einer liebenden Vereinigung von Mann und Frau hervorzugehen. So hat es der Schöpfer in den Menschen eingeschrieben. Hier zeigt sich: Die Frage der Empfängnisregelung – ob Vermeidung oder Ermöglichung – führt uns direkt in unsere Verantwortung vor Gott. Denn er lässt die Menschen teilhaben an seiner Schöpferkraft. Wer Kindern das Leben schenkt, kommt damit der Schöpferkraft, die allein Gott zu eigen ist, sehr nahe. Und je näher wir Gott kommen, desto höher unsere Verantwortung. Hier geht es nicht um Methoden und

Techniken, hier geht es um Lebenshaltung und Respekt, Respekt vor Gottes Geboten und Respekt vor der Würde des Menschen. Nicht ohne Grund ist daher die Frage der Weitergabe des Lebens eine der sensibelsten im ethischen Bereich. Hochemotionale Diskussionen werden hier geführt wie in kaum einem anderen Bereich. Die Weitergabe des Lebens berührt das Innerste des Menschen. Die Fruchtbarkeit, die Teilhabe an der Schöpferkraft Gottes, ist eines der größten, wenn nicht das größte Geschenk der Menschheit. Es wartet darauf, neu entdeckt zu werden.

Die Ehe hat einen Auftrag

Die Ehe in gläubiger katholischer Sicht ist ein Sakrament, das heißt: Sie ist ein Zeichen der Treue Gottes zu den Menschen. Jede Ehe weist von daher über sich hinaus, sie ist greifbares Zeichen der unauflöslichen Treue Gottes zu den Menschen. Dieser Zeugnischarakter der Ehe hat vom Ansatz her eine Sendung. Sagen wir es einfacher: Es ist nicht egal, ob eine Ehe Ausstrahlung hat oder nicht. Jesus Christus, unser Herr möchte, dass die christliche Ehe ein leuchtendes Zeichen ist, an dem Menschen etwas ablesen können von der Absolutheit, der Treue und Nachhaltigkeit der Liebe Gottes. Seit Jesus ist diese Liebe in der Welt – wie es Paare in dieser Welt gibt, die einfach diese ganz starke Liebe leben – so dass andere sich fragen: »Wie machen die das nur?« Das ist ein Zeugnis; es dient dazu, Menschen mit Christus in Berührung zu bringen, sie zu Christus zu führen. »Geht hinaus in die ganze Welt und verkündet das Evangelium allen Geschöpfen« (Mk 16,15). Unter diesem Auftrag steht die gesamte Kirche, und die Ehe hat daran einen besonderen Anteil.

Werden wir konkret! Zunächst: Wir leben in einer Zeit vieler Anfechtungen der Ehe. Ehebruch und Treulosigkeit werden fast zur Regel. Da ist es wichtig, dass sich Ehepaare, die um ein Leben in Treue und Beständigkeit ringen, zusammenschließen und einander stärken. Weiterbildung der Ehepaare in Ehe- und Familienkreisen kann hier eine gute Hilfe sein. Aber auch das Zusammenfinden von Familien, damit die Kinder christliche Familien erleben, ist wichtiger denn je. Sodann dürfen wir nicht vergessen: Die Sehnsucht nach Treue und Angenommensein, nach Liebe und Hingabe schlummert in jedem Menschen. Ehepaare, die sich hier, bei aller menschlichen Gebrochenheit und Schwäche, um ein solches Leben in Liebe und Hingabe mühen, wirken wie selbstverständlich anziehend auf andere Ehepaare. Dabei ist es wichtig, den anderen nicht in einem Bewusstsein von Überlegenheit und falscher Sicherheit zu begegnen, nicht in oberlehrerhafter Manier, sondern in Natürlichkeit und Offenheit. Hier geht es nicht darum, eine möglichst tolle Fassade vor anderen aufzurichten, sondern die Menschen einzuladen, hinter die Fassade zu schauen. Christen, die sich um ein treues Eheleben bemühen, sind keine Übermenschen, aber sie kennen vielleicht Hilfen, die andere nicht kennen.

Schließlich: Das II. Vatikanische Konzil spricht ausdrücklich von »Hochherzigkeit« in der Annahme der Nachkommenschaft; das Konzil tut das auch im Zusammenhang des Auftrages, die Familie Gottes zu vergrößern. Kinderreichtum hat auch etwas mit der missionarischen Sendung der Kirche zu tun. Wir erleben in manchen Ländern die Ausbreitung des Islam weniger aus der Tatsache heraus, dass sich eine namhafte Zahl von Christen zum Islam bekehrt, wohl aber darin, dass muslimische Ehen in der Regel viel kinderreicher sind als christliche. Machen wir uns dies ohne Illusionen bewusst: Die Ausbreitung des Evangeliums hat auch etwas zu tun mit der Bereitschaft zur Nachkommenschaft. Und auch hier wird deutlich: Ehe und Familie ist der kleinste Baustein nicht nur der Gesellschaft, sondern auch der Kirche. Sie ist »Hauskirche«. Schwache Familien bedeuten eine schwache Kirche. Starke Ehen und Familien bedeuten eine starke und vitale Kirche.

Und da Gott dies viel besser weiß als wir Menschen, hat seine Liebe auch die kleinen Versuche schwacher Menschen, die Liebe zu leben, mit besonderen Gnaden und Gaben ausgestattet. Paare, die »Für immer ja« sagen möchten, können gewaltigen Segen vom Himmel auf ihre Liebe herabrufen.

Es geht. Sie müssen es nur ausprobieren.